첫판 1쇄 펴낸날 2025년 5월 22일
2쇄 펴낸날 2025년 9월 30일

지은이 송치중　**그린이** 김학수
펴낸이 박창희
편집 박은아　**디자인** 배한재
마케팅 박진호 한혜원　**회계** 양여진 김주연
인쇄·제본 (주)소문사

펴낸곳 (주)라임
출판등록 2013년 8월 8일 제2013-000091호
주소 경기도 파주시 심학산로 10, 우편번호 10881
전화 031) 955-9020(주문), 031) 955-9021(편집)
팩스 031) 955-9022
이메일 lime@limebook.co.kr　**인스타그램** @lime_pub
홈페이지 www.prunsoop.co.kr　**제조국** 대한민국

ⓒ 송치중·김학수, 2025
ISBN 979-11-94028-46-8　74910
　　　979-11-94028-44-4 (세트)

＊ 잘못된 책은 구입하신 서점에서 바꿔 드립니다.
＊ KC 마크는 이 제품이 공통안전기준에 적합하였음을 의미합니다.
＊ 던지거나 떨어뜨려 다치지 않도록 주의하세요.
＊ 이 책 내용의 전부 또는 일부를 재사용하려면 저작권자와 (주)라임의 동의를 받아야 합니다.
＊ 미처 연락이 닿지 않아 사진 게재 허락을 받지 못한 분이 계십니다.
　이 책에 사용된 사진의 저작권을 갖고 계신 분은 출판사로 연락해 주십시오.

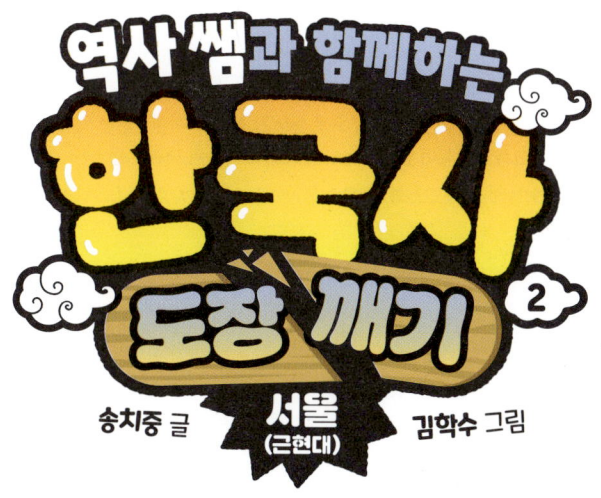

역사 쌤과 함께하는
한국사 도장 깨기 ②

서울 (근현대)

송치중 글　　김학수 그림

라임

차례

첫 번째 도장 덕수궁 • 6

조선의 마지막 궁궐, 덕수궁! | 대한문으로 들어가 볼까? | 파란만장한 역사의 현장, 석조전 | 덕수궁에 고종의 찻집이 있다고? | 대한 제국의 아픔이 새겨진 중명전

▶학교에서는 언제 배워?　▶그건 왜 그래?　▶활동하기　▶도장 깨기 TIP, TIP, TIP　▶함께 보아요

두 번째 도장 안중근 의사 기념관 • 22

진정한 노블레스 오블리주, 안중근 가족 | 손가락을 잘라 애국을 맹세하다, 단지 동맹 | 하얼빈에서 이토 히로부미를 처단하다 | 안중근, 뤼순 감옥에서 순국하다 | 중국에도 안중근 의사 기념관이 있다고?

▶학교에서는 언제 배워?　▶그건 왜 그래?　▶활동하기　▶도장 깨기 TIP, TIP, TIP　▶함께 보아요

세 번째 도장 서대문 형무소 역사관 • 40

독립운동가의 피눈물이 서린 곳 | 저항의 역사를 기록한 서대문 형무소 전시관 | 여성 독립운동가는 여옥사에? | 독립을 향한 열망을 모아

▶학교에서는 언제 배워?　▶그건 왜 그래?　▶활동하기　▶도장 깨기 TIP, TIP, TIP　▶함께 보아요

네 번째 도장 식민지 역사 박물관 • 56

일제 강점기 전문 역사 박물관이라고? | 탄압과 수탈의 대마왕, 일제 | 사람도, 물건도 다 뺏어 가… | 지금의 우리는 무엇을 할 수 있을까?

▶학교에서는 언제 배워?　▶그건 왜 그래?　▶활동하기　▶도장 깨기 TIP, TIP, TIP　▶함께 보아요

다섯 번째 도장 효창 공원 • 70

효창원이 일제한테 무참히 짓밟혔다고? | 우리나라 항일 운동의 구심점, 김구 | 일본 왕에게 수류탄을, 이봉창 | 훙커우 공원의 위대한 영웅, 윤봉길 | 독립운동에 힘쓴 삼의사가 한자리에! | 참, 임정 요인 묘역도 있어

▶학교에서는 언제 배워?　▶그건 왜 그래?　▶활동하기　▶도장 깨기 TIP, TIP, TIP　▶함께 보아요

여섯 번째 도장 　전쟁과 여성 인권 박물관 · 90

꼭 기억해야 할 역사, 일본군 '위안부' | 일본군 '위안부' 최초의 증언자, 김학순 할머니 | 혹시 '수요 시위'를 알아? | 다른 나라에도 '전쟁과 여성 인권 박물관'이?

▶학교에서는 언제 배워? 　▶그건 왜 그래? 　▶활동하기 　▶도장 깨기 TIP, TIP, TIP 　▶함께 보아요

일곱 번째 도장 　전쟁 기념관 · 108

평화로운 세상을 꿈꾸며 | 전쟁 역사실은 처음이지? | 북한의 남침으로 시작된 6·25 전쟁 도움을 받던 나라에서 도움을 주는 나라로

▶학교에서는 언제 배워? 　▶그건 왜 그래? 　▶활동하기 　▶도장 깨기 TIP, TIP, TIP 　▶함께 보아요

여덟 번째 도장 　국립 4·19 민주 묘지 · 122

이승만, 대통령 자리에서 물러나다 | 4·19 혁명은 어쩌다 일어나게 된 거야? | 민주주의를 위해 헌신한 이들을 기리다 | 꼭 기억할게, 4·19 혁명의 정신

▶학교에서는 언제 배워? 　▶그건 왜 그래? 　▶활동하기 　▶도장 깨기 TIP, TIP, TIP 　▶함께 보아요

아홉 번째 도장 　대한민국 역사 박물관 · 136

대한민국 근현대사의 흐름을 한눈에! | 시기마다 다양한 주제의 특별전이 열려 | 말랑말랑 현대사 놀이터에서 추억 여행 | 나-대한민국-세계

▶학교에서는 언제 배워? 　▶그건 왜 그래? 　▶활동하기 　▶도장 깨기 TIP, TIP, TIP 　▶함께 보아요

열 번째 도장 　서울의 종교 유적지 · 150

개신교 최초의 서양식 건물, 정동 제일 교회 | 천주교를 대표하다, 명동 성당 | 동학에서 천도교로, 천도교 중앙 대교당 | 민주 항쟁의 중요 유적지, 성공회 대성당 | 조계종의 중심 사찰, 조계사 | 이슬람교 대표 유적지, 이슬람 중앙 성원

▶학교에서는 언제 배워? 　▶그건 왜 그래? 　▶활동하기 　▶도장 깨기 TIP, TIP, TIP

혹시 조선의 마지막 궁궐이 어디인지 알아? 바로 덕수궁이야. 원래 이름은 경운궁이었다지? 1907년 헤이그 특사 사건으로 고종이 일제에 의해 강제로 황제 자리에서 내려온 뒤 이름이 덕수궁으로 바뀌었어. 대한 제국의 마지막 모습이 궁금하다면? 맞아, 덕수궁으로 가 봐야지. 우리의 전통적 건축 양식과 서양식 건축 양식을 함께 볼 수 있거든. 자, 출발해 볼까?

첫 번째 도장
덕수궁

우선 조선 후기의 상황이 어땠는지 먼저 살펴볼까? 1592년에 임진왜란이 일어난 건 알고 있지? 일본에서 쳐들어와 칠 년 동안이나 전쟁이 이어졌잖아.

그때 임금이 거처하던 경복궁이 불에 타 없어졌어. 피난길에 올랐다가 부랴부랴 돌아온 선조는 별수 없이 월산 대군이 살던 옛집을 궁궐 삼아 지내게 되었지. 이곳을 광해군 때 경운궁이라고 부르기 시작한 거야.

그 후 선조가 죽고 나서 왕위에 오른 광해군이 창덕궁으로 옮겨 가면서 경운궁은 언뜻 역사에서 잊히는 듯했지. 그러다 이백여 년이 훨씬 더 흘러, 고종이 왕위에 오르고 얼마 지나지 않았을 때 경복궁을 다시 짓고 그곳으로 거처를 옮겼어.

그런데 1895년에 왕비였던 명성 황후가 경복궁에서 일본 사람에게 살해당하는 사건(을미사변)이 일어났지 뭐야. 나라가 발칵 뒤집힐 수밖에. 그 일로 겁을 잔뜩 먹은 고종은 러시아 공사관으로 거처를 옮겼다가(아관파천) 일 년 뒤 경운궁으로 다시 옮겼어. 자기 목숨도 위태로워질까 봐 두려웠던 모양이야.

고종은 경운궁 근처에 환구단을 짓고 황제의 자리에 올랐지. 이때 나라 이름을 대한 제국으로 바꾸었어. 그러고 나서 약 십 년 뒤, 일본의 강요로 체결한 을사늑약의 부당함을 알리기 위해 네덜란드 헤이그에 특사를 파견했다가 황제 자리에서 강제로 물러나게 돼.

이 모든 이야기가 지금은 덕수궁이라고 불리는 경운궁에서 일어난 거야. 자, 그럼 지금부터 덕수궁 이야기를 시작해 볼까?

조선의 마지막 궁궐, 덕수궁!

스스로 황제가 되어 대한 제국을 선포한 고종이 살았던 덕수궁은 크고 작은 역사적 사건들이 많이 일어난 곳이야. 그중에서도 고종이 서양식 근대화의 꿈을 위해 지었던 석조전, 고종의 커피 하우스 정관헌, 을사늑약이 체결되었던 중명전 등이 역사의 중요한 무대라 할 수 있지. 이제부터 하나씩 살펴볼까?

매표소에서 입장권을 끊으면 처음 마주하는 곳이 바로 대한문이야. 덕수궁의 정문이지. 원래 이름은 대안문(大安門)이었는데, 나라가 '크게(大) 평안(安)하기'를 기원하는 마음을 담았다고 해.

1906년에 '한양(漢)이 창대(大)하기'를 바라는 뜻에서 대한문(大漢門)으로 바꾸었다지. 자, 그럼 대한문으로 슬슬 들어가 볼까? 아니, 그 전에 황제 자리에 오른 고종이 대한 제국을 선포했던 환구단 터를 먼저 둘러보자.

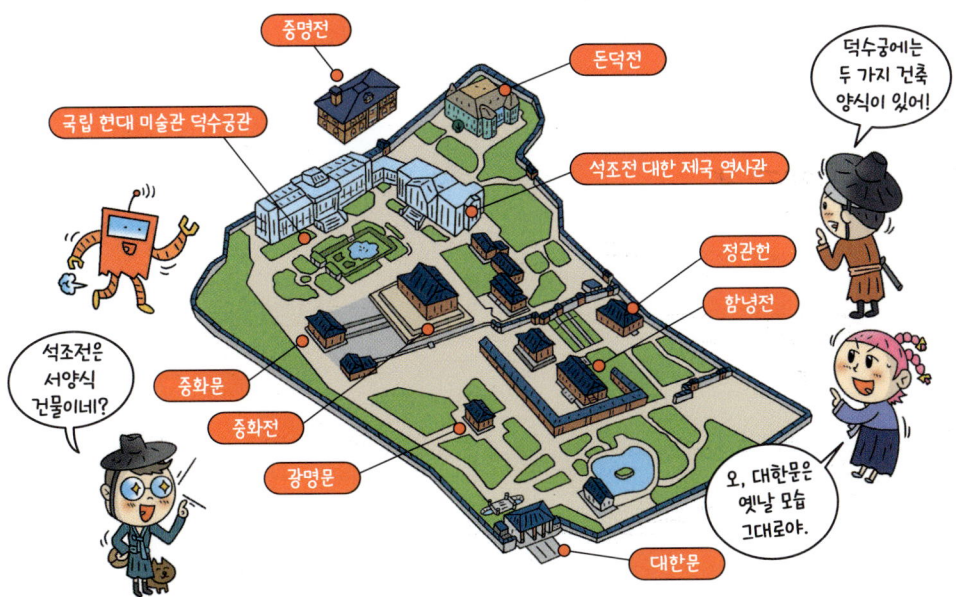

대한문

● 고종이 대한 제국을 선포한 환구단

　덕수궁에서 환구단 터까지는 십 분 남짓한 거리야. 지금 환구단은 남아 있지 않고, 황궁우와 삼문만이 자리를 지키고 있어. 일본이 대한 제국을 강제로 병합한 뒤에 환구단을 헐어 버렸거든.

　환구단 자리에 철도호텔이 들어섰다가 지금의 웨스틴조선호텔로 바뀌었어. 웨스틴조선호텔 객실에서 바라보는 황궁우 뷰가 꽤 멋지다고 해. 기회가 되면 엄마 아빠랑 한번 가 보는 걸 추천해.

환구단의 옛 모습   황궁우의 현재 모습

황궁우는 고종이 황제에 오르고 나서 삼 년 뒤에 지은 건물이래.

혹시 환구단의 모델이 된 건축물이 무엇인지 알고 있니? 중국 명·청 시대의 수도였던 베이징에서 황제가 하늘에 제사를 지내던 곳, 바로 '천단'이야. 언젠가 베이징에 갈 일이 있다면 들러 보는 것도 좋겠지?

대한문을 지나 조금 더 걸어가면 오른쪽에 광명문이 보여. 광명문 옆에는 고종이 잠을 청하던 곳, 즉 함녕전이 있지. 함녕(咸寧)은 '모두(咸)가 평안(寧)하다'는 뜻이라고 해. 하지만 고종은 죽어서도 평안하지 못했을 것 같아. 황제를 협박해 나라를 팔아먹은 이완용이 이토 히로부미 등과 함께 쓴 시비(詩碑, 시를 새긴 비석)가 함녕전 뒤뜰에 있다고 하니까.

아, 이토 히로부미가 누구냐고? 일본의 대표적인 정치가인데, 을사늑

약을 주도하여 우리나라의 외교권을 빼앗고 초대 통감이 된 인물이야. 나중에 중국 하얼빈에서 안중근 의사에게 처단돼. 이런 걸 인과응보라고 해야 하나?

   광명문을 지나 조금 더 걷다 보면 중화문이 나타나는데, 그 문을 지나면 정전인 중화전이 나와. 그 앞에는 경복궁 근정전 앞처럼 신하들이 서 있는 품계석이 있지. 정전은 임금이 신하들과 조회를 하거나 외국 사신을 맞이하던 곳이야. 중화전은 원래 1902년에 2층 건물로 지었는데, 이 년 뒤 불이 나는 바람에 1층 건물로 복구했다지 뭐야. 중화전 뒤에는 즉조당과 준명당, 석어당이 있어.

   그중 즉조당은 광해군과 인조가 왕위에 오른 곳이야. 인조가 누구냐고? 음, 조선의 16대 왕인데 광해군을 몰아내고 왕위에 올랐어. 이 사건을 '인조반정'이라고 해. 또, 고종이 을미사변 때 러시아 공사관으로 피신했다가 돌아온 뒤, 처음 정전으로 사용한 곳이기도 하지.

파란만장한 역사의 현장, 석조전

사람들이 덕수궁에서 가장 많이 찾는 곳은 석조전이야. 석조전은 대한 제국을 선포하고 황제 자리에 오른 고종이 서양식으로 지은 건물이지. 하지만 정작 활용하지는 못했다고 해. 황제 자리에서 금방 내려와야 했으니까. 건물이 완공되었던 1910년 12월에는 이미 대한 제국이 망한 뒤였거든.

일제 강점기에는 미술관으로 사용되었고, 1945년에 나라를 되찾은 뒤

건물 내부를 보려면 덕수궁 관리소 홈페이지에서 미리 예약해야 해.

석조전

에는 미소(미국과 소련) 공동 위원회의 회의 장소로 쓰였어. 그 후 국립 중앙 박물관으로 잠시 쓰이다가, 지금의 국립 현대 미술관이 되었지.

덕수궁에서 가장 다양한 용도로 쓰였던 건물은 이곳 석조전이라고 할 수 있어. 그래서 사람마다 석조전의 모습을 다르게 기억하기도 해. 지금은 복원 공사를 거쳐 덕수궁 석조전 대한 제국 역사관으로 활용되고 있어.

덕수궁에 고종의 찻집이 있다고?

함녕전 뒤편으로 가면, 아기자기한 건물이 나와. 바로 정관헌이야. 지붕은 동양식이고 난간은 서양식인데, '고요히(靜) 바라보는(觀) 집(軒)'이라는 뜻을 갖고 있지. 고종은 이곳에서 가비를 즐겼다고 해. 가비가 뭐냐고? 가배, 혹은 양탕국으로 불렸던 커피를 가리키는 말이야.

정관헌

정관헌 곳곳에는 복을 의미하는 박쥐 모양과 대한 제국을 상징하는 오얏꽃 무늬가 있어. 한번 찾아보는 것도 좋을 듯해. 그런데 지금은 정관헌이 커피를 마셨던 장소로 더 기억되고 있지.

앗, 친구들은 아직 커피 맛을 모르지? 정관헌 근처에 있는 기념품 판매소에서 카페를 겸해서 운영하고 있다니까, 부모님과 함께 가서 고소한 향이라도 느껴 봐.

대한 제국의 아픔이 새겨진 중명전

중명전은 황실의 도서와 보물을 보관하기 위해 지어졌어. 처음 이름은 그 의미를 담아 수옥헌이라고 불렀지. 그러다 고종이 거처를 이곳으로 옮기면서 '중명전'이라 불렀다나 봐. '중명(重明)'은 '빛(明)이 계속 이어져(重) 그치지 않는다'는 뜻이야.

아이러니한 건 이곳에서 '을사늑약'이 맺어졌다는 사실! 을사늑약이 뭐냐고? 일본이 우리나라의 외교권을 빼앗기 위해 강제로 맺은 조약을 가리켜. 을사늑약이 강제로 진행되던 1905년 11월 17일 오후에 덕수궁 앞과 회의장 안을 완전 무장한 일본군이 겹겹이 둘러싸고 있었다고 해.

그때 참정 대신 한규설은 저항을 하다가 밖으로 끌려 나갔어. 이토 히로부미가 한규설을 향해 "자꾸 떼를 쓰면 죽여 버리겠다!"고 소리치며 공포 분위기를 만들었다지. 한규설은 이런 위협에도 꿈쩍하지 않았지만, 이완용·이지용·이근택·권중현·박제순(이 다섯 명을 '을사오적'이라고 불

중명전

러.)은 매국노의 길을 걸었어. 매국노는 나라를 팔아먹은 사람을 가리켜.

지금은 개방되어 전시관으로 활용되고 있어. 국가유산청은 중명전 내부를 역사 현장 체험 공간인 상설 전시관과 교육 공간으로 꾸민 뒤, 한일 강제 병합 100주년이 되던 해에 문을 열었어.

1층은 '중명전의 탄생', '을사늑약을 증언하는 중명전', '주권 회복을 위한 대한 제국의 투쟁', '헤이그 특사의 도전과 좌절'로 이루어져 있지. 2층은 고종의 집무 공간으로서의 의미가 두드러지도록 꾸민 다음, 고종의 어진과 어새, 관련 문건 등을 전시해 두고 있어.

그러니까 중명전은 우리가 절대 잊지 말아야 할 역사의 현장이야. 덕수궁에 가면 빼먹지 말고 꼭 챙겨 봐. 참, 지금은 덕수궁 밖에 있어. 덕수궁 돌담길을 따라가다 보면 오른편에 있으니까 꼭 기억해 둬.

학교에서는 언제 배워?

초등학교 《사회》 4학년 1학기 2단원 〈우리 지역의 국가유산〉을 배울 때 내가 사는 지역의 역사와 특징을 알아보는 시간이 있어. 그리고 5학년 2학기 2단원 〈사회의 새로운 변화와 오늘날의 우리〉에서 일제가 대한 제국을 어떤 식으로 침략했는지 공부하게 돼.

그건 왜 그래?

1. 고종이 머물렀던 덕수궁의 옛 이름은?

2. 황제 자리에 오른 고종이 대한 제국을 선포한 장소는 어디일까?

3. 덕수궁 중화전 앞에 놓여 있는 품계석은 왜 만들었을까?
    ① 사람들한테 근사하게 보이려고
    ② 조회할 때 신하들이 서 있어야 하는 자리를 표시한 것
    ③ 마당이 너무 넓어서 허전한 마음에

4. 일제에 대한 제국의 외교권을 빼앗겼던 을사늑약이 맺어진 장소는?

정답 1. 경운궁 2. 환구단 3. ② 4. 중명전

활동하기 — 덕수궁 석조전의 쓰임새를 상상하며 써 보기

1. 석조전은 고종이 서양식으로 지은 건물인데, 그동안 여러 가지 용도로 쓰여 왔어. 굵직굵직한 사건만 시간 순서대로 정리해 볼까?

- **1900년**
- **1910년**
- **1945년**
- **현재**

2. 덕수궁에서 사람들이 가장 많이 찾는 석조전 대한 제국 역사관 앞에서 인증 샷 하나 찍어 보는 거 어때?

도장깨기 TIP TIP TIP

너무 덥거나 추운 날, 눈과 비가 많이 내리는 날은 쉰다고 해.

1 석조전 대한 제국 역사관을 관람하고 싶다면 사전 예약이 필수야. 방문하기 일주일 전에 오전 10시부터 인터넷에서 예약할 수 있어. QR 코드를 통해 사이트에 접속해 보자.

2 덕수궁 대한문 앞에서는 매일 두 번, 그러니까 오전 11시와 오후 2시에 왕궁 수문장 교대식이 열려. 이색 체험이라 재미있겠지? 꼭 한 번 가 봐.

3 덕수궁 돌담길을 따라 걸어 볼까? 덕수궁 중명전에서 구 러시아 공사관, 고종의 길까지 걷는 코스야. 한나절이면 걸을 수 있어. 고종의 길은 매일 오전 9시부터 오후 6시까지 개방하니까 참고하도록 해.

4 덕수궁에 왔다면 근대 유적지도 살펴봐야겠지? 황궁우, 정동 제일 교회, 유관순 기념관(이화여고), 서울 시립 미술관, 배재학당 역사 박물관 등. 다른 코스도 있으니까 아래쪽 표에서 살펴봐.

코스 1	덕수궁 → 덕수궁 돌담길 → 덕수궁 중명전 → 구 러시아 공사관 → 고종의 길				
코스 2	덕수궁(+황궁우) → 정동 제일 교회 → 유관순 기념관 → 서울 시립 미술관 → 배재학당 역사 박물관				
코스 3	덕수궁 → 서울시청 광장 → 대한 성공회 서울 주교좌 성당 → 서울특별시 의회 본관 → 서울 도시 건축 전시관				
코스 4	덕수궁 → 환구단 터 → 나석주 동상 → 명동 성당				

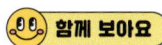

구 러시아 공사관

서울시 중구 정동에 있어. 1895년에 경복궁에서 명성 황후가 일본 사람에게 살해된 뒤, 위협을 느낀 고종이 피신하러 갔다가 약 일 년간 머물렀던 곳이야. 일제 강점기인 1925년부터 소련 총영사관으로 사용되다가 6·25 전쟁 때 파괴되었어. 지금은 탑 부분만 남아 있지.

배재학당 역사 박물관

배재학당은 1885년에 미국인 선교사 아펜젤러가 세운 한국 최초의 서양식 근대 교육 기관이야. 고종은 1887년에 '유용한 인재를 기르고 배우는 집'이라는 뜻으로, 배재학당(培材學堂)이란 이름을 하사했다지. 졸업생으로 이승만, 주시경, 지청천, 여운형 등이 있어.

덕수궁

- 주소 : 서울특별시 중구 세종대로 99
- 홈페이지 : https://royal.khs.go.kr/dsg
- 관람 시간 : 09:00~21:00(입장 마감 20:00)
- 입장료 : 1,000원(만 24세 이하, 한복을 착용한 자, 매월 마지막 주 수요일 '문화가 있는 날' 무료)
- 휴궁일 : 매주 월요일
- 대중교통 : 지하철 1·2호선 시청역 1·2번 출구
  버스 172, 472, 600, 602, 607번 시청역 하차
- 주차장 : 없음

이번에는 남산으로 가 볼까? 남산에 안중근 의사 기념관이 있거든. 안중근 의사의 정신과 뜻을 추모하고 기념하기 위해 건립된 곳이지. 아, 참! 다들 한 번쯤 본 적이 있지 않을까? 네 번째 손가락이 짧은 손바닥 사진 말이야. 안중근 의사가 일본 제국주의 침략의 상징 이토 히로부미를 쓰러뜨린 건 다들 알고 있지? 자, 이제 안중근 의사 기념관으로 출발!

빠 셋째 도장

안중근 의사 기념관

1909년 10월 26일, 이날은 안중근 의사가 중국 하얼빈역에서 이토 히로부미를 저격해서 쓰러뜨린 날이야. 안중근 의사 기념관은 이날의 거사를 기념하기 위해 1970년 10월 26일에 문을 열었어.

　기념관이 들어선 자리는 원래 일제 침략의 상징이라 할 수 있는 조선신궁(일제 강점기 때 일제가 남산 중턱에 세운 신궁) 터였는데, 2010년 10월 26일에 안중근 의사 의거 101주년을 기려 3층짜리 새 기념관을 세웠어.

　중앙 홀에는 안중근 의사의 커다란 좌상(앉아 있는 모습의 조각상)이 있어. 그 뒤에는 안중근 의사가 혈서로 새겼다는 '대한 독립(大韓獨立)'이 전시되어 있지. 이곳은 안중근 의사를 비롯한 순국선열에게 참배하는 공간이야. 자! 조국의 독립을 위해 아낌없이 목숨을 바친 분들을 생각하면서 잠시 묵념의 시간을 가져 볼까?

안중근 의사의 좌상

안중근 의사 기념관   안중근 의사 동상

진정한 노블레스 오블리주, 안중근 가족

　안중근 의사 기념관에 들어서면, 모두 12개의 유리 건물로 이루어진 기념관 건물을 만날 수 있어. 유리 건물이 왜 12개나 되는지 궁금하지? 안중근 의사를 포함해 백규삼, 김기룡, 황병길 등 12명으로 구성된 '단지(斷指) 동맹'을 기리기 위해서야. 단지 동맹은 1909년에 안중근 의사가 조직한 비밀 결사로, 동의단지회라고도 불러. 다 같이 왼손 약지를 잘라 그 피로 혈서를 쓰고, 조국의 독립과 평화를 위해 헌신을 다짐했다고 해. '단지'는 손가락을 자른다는 뜻이야.

　아까 안중근 의사의 대형 좌상을 지나왔지? 지하 1층에는 제1전시실이 있어. 이 공간은 안중근 의사가 살았던 시대와 성장 과정, 그리고 가족의 독립운동에 관한 정보를 전시하고 있어.

안중근 의사의 투쟁을 연도순으로 전시한 공간

 안중근 의사의 동생 안정근과 안공근, 사촌동생 안명근과 안경근, 그리고 어머니 조마리아까지 온 가족이 조국의 독립운동을 위해 힘썼거든. 진정한 '노블레스 오블리주' 정신을 실천한 집안이라고 할 수 있지.

 '노블레스 오블리주'가 뭐냐고? 사회적으로 높은 지위에 있는 사람들이 그에 걸맞은 도덕적 의무를 다하는 것을 말해. 안중근은 양반 가문 출신이었는데, '가진 자의 도덕적 의무'를 잘 실천했다고 할 수 있어.

 이참에 안중근의 삶을 잠깐 살펴볼까?

 안중근은 1879년 9월 2일에 황해도 해주에서 태어났는데, 등과 배에 검은 점이 일곱 개나 있어서 '북두칠성의 기운으로 응하여 태어났다'고 하여 '응칠(應七)'이라고 불렀다지.

 일곱 살 때 황해도 신천으로 이사를 한 뒤, 그곳에서 할아버지에게 유학과 역사를 배우며 민족의식을 키웠지. 아버지의 영향으로 일찍부터 근대 문물을 받아들여 나라를 강하게 만들겠다는 개화 사상을 받아들였다나 봐. 그뿐만 아니라 말타기와 활쏘기, 사격 등 무예도 열심히 배웠

어. 그 외에도 사격 솜씨가 워낙 대단해서 화승총으로 노루나 토끼는 물론, 날아가는 꿩이나 비둘기도 거의 다 맞혔다고 해.

    제1전시실에는 안중근 의사의 성장 과정과 가문에 대한 이야기가 잘 전시되어 있으니 찬찬히 살펴봐.

    제2전시실은 1층에 있어. 안중근의 국내 활동과 단지 동맹에 대한 내용이 전시되어 있어. 안중근은 열여덟 살 때 프랑스 신부로부터 세례를 받고 '토마스'라는 세례명을 얻었어. 한국식으로는 '도마'라고 해. 도마 안중근이라는 말, 많이 들어 봤지?

    안중근은 프랑스어와 서양의 학문을 배워 근대 사상에 눈을 뜨게 되

안중근 의사가 쓴 '독립' 유묵

었어. 그 후 프랑스 신부와 함께 황해도 일대를 돌며 천주교를 전파하는 데 힘썼지. 또한 교육을 통해 실력을 기르는 것이 국민들이 자신의 권리를 지킬 수 있는 방법이라고 믿고서 학교에서 학생들을 가르치기도 해.

그 무렵 러일 전쟁에서 승리한 일본은 고종을 위협해 강제로 을사늑약을 체결했어. 이 때문에 대한 제국은 다른 나라와 조약을 맺을 수 있는 외교권을 빼앗기고 말았지. 일본은 고종이 을사늑약의 부당함을 알리기 위해 헤이그에 특사를 파견한 일을 구실로 황제 자리에서 억지로 물러나게 한 뒤 순종을 그 자리에 앉혔어. 그것도 모자라, 대한 제국의 군대마저 해산시켰지 뭐야?

보다 못한 안중근은 해외로 건너가 항일 의병 투쟁을 하기로 마음먹었어. 스물아홉 살의 청년 안중근은 북간도를 거쳐 우리나라 사람이 많이 사는 러시아의 연해주에 도착했지.

1908년 봄, 러시아 블라디보스토크에서 다른 독립운동가들과 함께 의병 부대를 조직한 다음, 참모 중장이 되어 항일 무장 투쟁을 본격적으로 시작했어. 북간도와 연해주 지역에서 일본군을 크게 무찌르기도 했는데,

포로를 국제법에 따라 아무런 조건 없이 살려 주었다는 거야. 정말 대단하지 않아? 그 당시 세계 어느 곳에서도 국제법을 제대로 지키는 나라는 없었거든.

앞에서 말했다시피, 안중근은 11명의 동지와 함께 동의단지회를 결성했어. 그 후 네 번째 손가락을 잘라 태극기에 조국을 위해 싸우겠다고 맹세했지.

> 장부가 세상에 처함이여 그 뜻이 크도다.
> 때가 영웅을 지음이여 영웅이 때를 지으리로다.
> 천하를 웅시함이여 어느 날에 업을 이룰꼬
> 동풍이 점점 차짐이여 장사의 의기가 뜨겁도다.
> 분하다 한번 감이여 반드시 목적을 이루리로다.
> ⋮
> 동포 동포여 속히 대업을 이룰지어다.
> 만세 만세여 대한 독립이로다.
> 만세 만세여 대한 동포로다.

하얼빈에서 이토 히로부미를 처단하다

2층으로 올라가면 제3전시실이 나와. 우리가 잘 아는 '하얼빈 의거'에 대한 내용이 전시되어 있어. 1909년 가을, 안중근은 일본의 이토 히로부미가 만주 하얼빈을 방문한다는 소식을 듣게 돼. 일제가 중국 땅인 만주를 빼앗을 목적으로 러시아와 논의하기 위해 이토 히로부미를 보내기로 한 거지.

안중근은 이토 히로부미를 처단하여 일본의 나쁜 의도를 세계에 알려야겠다고 생각했어. 1909년 10월 21일, 러시아 블라디보스토크를 떠나 중국의 하얼빈으로 향했지. 뜻을 같이하는 동지들과 함께 신문 기사를 자세히 살펴보면서 이토 히로부미가 만주에 도착하는 시각과 환영 행사 등에 관한 정보를 모은 다음, 하얼빈역을 뜻을 이룰 장소로 정했다고 해.

1909년 10월 26일 9시경, 이토 히로부미가 하얼빈역에 내려서 환영객들로부터 인사를 받기 시작했어. 열 걸음 정도 떨어진 거리에 왔을 때, 안중근은 재빨리 권총을 꺼내 이토 히로부미를 쏘았어.

"탕! 탕! 탕!"

세 발의 총알을 맞은 이토 히로부미는 그 자리에 쓰러졌어. 이토 히로

부미의 얼굴을 몰랐던 안중근은 혹시라도 다른 사람을 쏘았을까 봐, 이토 히로부미 주변 인물을 향해 세 발을 더 쏘았어.

바로 그 순간, 러시아 헌병들이 달려와 안중근을 체포했지. 이토 히로부미는 곧장 열차로 옮겨 치료를 받았으나 결국 숨을 거두었어. 대한 제국은 물론 만주까지 일본 영토로 만들고자 했던 이토 히로부미가 안중근의 손에 최후를 맞이한 거야.

이 소식은 곧 국내, 중국, 러시아, 일본은 물론 전 세계로 퍼져 나갔어. 나라 밖에서 항일 투쟁을 벌이던 사람들은 안중근의 의거에 큰 박수를 보냈으나, 일본 사람들을 비롯해 국내 친일파들은 매우 당황했다지. 열강에 시달리던 중국 사람들은 안중근이 자신들의 원수를 갚은 것처럼 기뻐했고.

안중근, 뤼순 감옥에서 순국하다

안중근은 러시아 헌병들에게 체포된 뒤 일본에 넘겨졌어. 재판권도 없는 일본이 중국 뤼순 관동 법원에서 안중근의 재판을 맡았다지 뭐야. 2층에 올라가면 안중근이 재판받았던 곳을 살펴볼 수 있어.

뤼순 관동 법원은 중국 랴오닝성 다롄시에 있는데, 안중근을 비롯해 수많은 항일 지사들이 재판을 받았던 곳이야. 거사에 같이 참여한 우덕순은 징역 삼 년, 조도선과 유동하는 각각 징역 일 년 육 개월을 선고받았어. 그렇다면 안중근은 어떻게 되었을까?

까레아 우라!(대한 만세!)

1909년 10월 26일, 만주 하얼빈역!

7발의 총알 중 3발이 이토 히로부미를 명중했어.

안중근 의사는 러시아 헌병들에게 곧장 체포되었지.

까레아 우라! 대한 만세!

이듬해 1910년 2월 14일, 일본 재판장 마나베 쥬조는 안중근 의사에게 사형을 선고했어.

안타깝게도 안중근 의사는 3월 26일에 순국했지.

어머니....

그때 나이가 서른두 살밖에 안 된 거 있지? 유언으로 자신의 유해를 하얼빈 공원에 묻었다가,

언젠가 해방이 되면 고국 땅으로 옮겨 달라고 했다지. 그런데 아직까지 못 돌아오고 계셔.

조국을 위해 기꺼이 목숨을 바치신 애국선열들에게 감사하는 마음을 갖도록 하자. 알았지?

● 목숨을 구걸하지 않겠노라

일본 검찰관이 왜 이토 히로부미를 죽였는지 이유를 묻자 안중근은 이렇게 대답했다고 해.

"나는 다음과 같은 이유로 이토 히로부미를 처단하였소. 첫째, 명성 황후를 시해한 죄. 둘째, 을사늑약을 강제로 체결한 죄. ……넷째, 고종 황제를 폐위시킨 죄. 다섯째, 대한 제국의 군대를 해산시킨 죄. 여섯째, 무고한 사람들을 학살한 죄. 일곱째, 한국인의 권리를 박탈한 죄. ……열두 번째, 동양의 평화를 깨뜨린 죄. ……열다섯 번째, 일본과 세계를 속인 죄."

뤼순 감옥에 수감되었을 당시의 안중근

조사를 마친 안중근은 1909년 11월 13일에 뤼순 감옥으로 옮겨졌어. 이 재판에 권한이 없는 일본에 의해 조사가 시작되었지. 1910년 2월 14일에 열린 마지막 재판에서 일본 법정은 안중근에게 끝내 사형을 선고했어.

안중근은 다시 재판을 받는 권리인 항소를 하지 않겠다고 했다지. 옳은 일을 했으니 구차하게 목숨을 구걸하지 않겠다는 굳은 의지의 표현이었던 거야. 면회 온 두 동생을 통해 들은 어머니의 말씀도 이런 결심에 영향을 주었던 것 같아.

"너는 나라를 위해 이토 히로부미를 죽인 것이니, 만약 사형 판결을 받는다면 다른 마음 먹지 말고 당당히 죽도록 해라. 비겁하게 삶을 구걸하지 말고 큰 뜻에 따라 죽는 것이 어미에 대한 효도이다."

뤼순 관동 법원

뤼순 관동 법원 재판정

뤼순 감옥

사형대

    뤼순 감옥에서 안중근은 자서전과 《동양 평화론》을 집필하면서 자신의 삶과 사상을 정리했어. 《동양 평화론》은 한국·중국·일본 세 나라의 관계를 '대등한 국가 관계'로 보면서, 이웃 국가에 대한 침략과 영토 확장을 비판하고 평화적 공존을 주장한 내용을 담고 있는데, 다 집필하지 못한 채로 삶을 마감했지.

    안중근은 1910년 3월 26일, 뤼순 감옥의 사형장에서 서른두 살의 짧은 삶을 마쳤어. 안중근이 사형 직전에 자신을 데리러 온 간수에게 마지막으로 남긴 말이 무엇이었는지 알아?

    "오 분만 시간을 주시오. 책을 다 읽지 못했습니다."

    죽음조차도 그의 당당함과 기개를 꺾을 수 없었던 거지.

중국에도 안중근 의사 기념관이 있다고?

중국 정부가 2014년에 헤이룽장성 하얼빈역에 안중근 의사 기념관을 지었어. 그 후 리모델링을 거쳐 2019년에 다시 문을 열었지. 하얼빈역 플랫폼을 살펴보면, 안중근의 의거를 기억하는 표식이 있어. 이토 히로부미를 저격한 지점과 쓰러진 자리가 표시되어 있다지.

하얼빈역 플랫폼에 있는 표식   안중근 의사 기념관 내부

하얼빈은 겨울철에 열리는 세계 3대 얼음 축제인 빙등제로 유명한 곳이야. 혹시라도 중국에 가게 된다면 뤼순에 이어 하얼빈역에도 꼭 가 보길 바라. 하얼빈에는 세계 최대 호랑이 동물원인 동북 호림원, 일제가 인간을 대상으로 생체 실험을 했던 731부대 죄증 진열관도 있으니까 함께 보면 좋겠지?

학교에서는 언제 배워?

초등학교 《사회》 5학년 2학기 2단원 〈사회의 새로운 변화와 오늘날의 우리〉에서 일제의 침략 과정과 그에 맞서 나라를 구하기 위해 온 힘을 다한 독립운동가들에 대해 배워.

그건 왜 그래?

1. 안중근 의사 기념관은 서울의 어느 산자락에 있을까?

2. 안중근이 어렸을 때의 이름은?
   ① 안영철   ② 안응칠   ③ 안용빈

3. 안중근이 일본의 이토 히로부미를 사살한 곳은 어디일까?

정답 1. 남산 2. ② 3. 하얼빈역

활동하기: 안중근 의사가 되어 일기 써 보기

오늘은 1909년 10월 25일, 하얼빈역 의거가 있던 하루 전날이야. 내가 안중근 의사라면 어떤 마음이 들었을지 상상하면서 일기를 써 보자.

도장깨기 TIP

1 남산 공원에 가면 일본군 '위안부' 피해자 기림비가 있어. 안중근 의사 동상이 보이는 곳에서도 찾을 수 있지. 2019년 8월 14일에 일본군 '위안부' 피해자 기림의 날에 설치했다고 해. 김학순 할머니가 한국·중국·필리핀 세 소녀를 바라보고 있는 모습이야. 참 슬픈 역사지.

2 안중근 의사 기념관으로 가는 길목에 백범 광장이 있어. 일평생을 조국의 독립을 위해 바친 김구와 이시영의 동상이 세워져 있으니 한번 살펴봐.

3 안중근 의사 기념관에서 삼십 분 정도 걸어 올라가면 남산 타워를 만날 수 있어. 이곳에서 내려다보는 서울 야경이 정말 멋져!

😊 함께 보아요
일본군 '위안부' 기억의 터

앞서 일본군 '위안부' 피해자 기림비를 살펴봤지? 이곳 기억의 터는 서울유스호스텔 근처에 있어. 기억의 터는 일본군 '위안부' 피해자 할머니들을 기리는 추모 공원이야. 안중근 의사 기념관에서 남산을 따라 내려오는 길에 만날 수 있지. 일본군 '위안부' 할머니들을 위해 잠시 기도할까?

😊 함께 보아요
이회영 기념관

이회영 기념관은 종로구 사직동 옛 캠벨 선교사 주택에 있어. 신흥무관학교 개교 110주년을 맞아 2021년에 개관했지. 조국의 독립을 위해 모든 것을 내놓았던 우당 이회영의 삶과 독립운동을 살펴볼 수 있어. 사직동 언덕 위에 있어서 서울 시내가 한눈에 들어와. 궁금하면 한번 가 봐~.

안중근 의사 기념관

- 주소 : 서울특별시 중구 소월로 91
- 홈페이지 : https://www.ahnjunggeun.or.kr
- 관람 시간 : 10:00~18:00(3월~10월 입장 마감 17:00)
  10:00~17:00(11월~2월 입장 마감 16:00)
- 입장료 : 무료
- 휴관일 : 매주 월요일(공휴일인 경우 그다음 날)·1월 1일·설날·추석
- 대중교통 : 서울 지하철 4호선 회현역 4번 출구 또는 버스(회현역, 남대문시장 하차)
- 주차 : 남산 공원 주차장 이용

2025년이 을사년이라는 거 알아? 1905년에 일본한테 우리나라 외교권을 빼앗긴 지 딱 백이십 년이 된 셈이야. 그 후 일제는 대한 제국 황실의 안녕과 평화를 지킨다는 구실을 내세워 한성(한양)에다 통감부를 설치해. 그러고는 식민 통치에 저항하는 사람들을 잡아다 감옥에 가두었지. 그 감옥 중 하나가 바로 서대문 형무소야. 자, 이번에는 우리나라의 독립을 위해 기꺼이 목숨을 바쳤던 순국선열들을 만나러 가 볼까?

세 번째 도장
서대문 형무소 역사관

서대문 형무소 역사관 정문   서대문 형무소 역사관 전경

대한 제국의 수도는 어디게? 딩동댕, 서울이야. 그때는 한성이라고 불렀어. 한양의 정식 이름이지. 한성에는 감옥이 여러 개 있었는데, 그중 하나가 서대문 형무소야.

서대문 형무소의 시작은 1908년으로, 일제가 한성에 설치한 통감부에서 만든 감옥이야. 지금은 서대문 형무소 역사관으로 바뀌었어. 한마디로 독립운동가의 피와 땀이 서려 있는 곳이랄까. 사형 선고를 받은 애국지사들이 이곳으로 와서 삶을 마감하곤 했다고 해. 광복 이후에는 민주화 운동을 했던 이들이 수감되어 있던 곳이기도 하지.

독립운동가의 피눈물이 서린 곳

정문으로 들어가면 보안과 청사가 있어. 정문 왼편에는 유관순 열사

등 여성 독립운동가들이 갇혀 있던 여옥사가 있고, 보안과 청사 뒤편에는 9옥사부터 12옥사까지 있어. 참, 그거 알아? 12옥사에는 항상 태극기가 걸려 있다는 거. 뭔가 가슴이 뭉클하지 않니?

9옥사 왼편에는 격벽장이 있고, 더 올라가면 사형장과 시구문, 추모 공간, 그리고 한센병에 걸린 수감자를 따로 수용했던 한센 병사가 있지.

저항의 역사를 기록한 서대문 형무소 전시관

정문으로 들어서면 전시관이 바로 보여. 전시관 건물은 지하 1층에서부터 지상 2층까지 있는데, 원래는 서대문 형무소의 업무 전체를 총괄하던 곳이야. 1층과 2층은 사무 공간으로 쓰였고, 지하 1층은 조사실로 쓰였다고 해.

서대문 형무소 역사관 전시관

    지금 이곳은 서대문 형무소 역사관의 1908년부터 1987년까지 팔십 년의 역사를 전시하고 있어. 대한 제국 당시의 의병은 물론, 3·1 운동을 토대로 점점 더 거세어졌던 항일 독립운동의 흔적을 만날 수 있지.

    아까 지하 1층에 조사실이 있었다고 했지? 독립운동을 하던 사람들이 끌려와 조사를 받았는데, 당연히 지금처럼 그저 말로 묻고 대답하는 방식이 아니었어. 일본 경찰들과 조선인 형사들이 독립운동의 실체를 밝혀내기 위해서 끔찍한 고문을 했거든. 드라마나 영화 같은 데서 많이 나오잖아. 상상만 해도 몸서리가 처질 만큼 잔인한…….

    여옥사라……, 이름이 특이하지? 옥사의 사전적 의미는 죄인을 가두

는 건물이야. 그러니까 여옥사는 여성 독립운동가들이 갇혀 있던 곳이지. 형무소라는 말도, 옥사라는 말도 모두 죄인을 가두어 두는 곳이라는 뜻이지만, 사실 이곳에 갇힌 사람들은 모두 우리나라를 사랑해서 일제를 상대로 목숨 바쳐 싸운 독립운동가들이었어.

건물 안으로 들어가 보면 유관순이 수감되었던 8번 방이 복원되어 있어. 이외에도 권애라, 김향화, 노순경, 어윤희, 심명철 등 수많은 여성 독립운동가들이 이 옥사를 거쳐 갔지.

누울 자리조차 허락되지 않을 만큼 좁은 공간을 직접 보면 얼마나 가슴이 아픈지……. 정말이지 두 번 다시 되풀이해서는 안 되는 비극의 역사야.

유관순은 많이들 알지? 3·1 운동 하면 제일 먼저 떠오르는 이름이잖아. 그럼 유관순에 관해 잠깐 알아볼까?

유관순은 1902년에 충청남도 목천(지금의 병천)에서 태어났어. 공주에 있는 영명학당에서 공부하다가, 1906년에 미국 여성 감리 교회 선교사

여옥사 전경

사애리시 부인의 권유로 서울의 이화학당 보통과 3학년에 편입을 해.

유관순이 이화여자고등보통학교 1학년이었던 1919년에 3·1 운동이 시작되었어. 교장 선생님은 학생들의 안전을 염려해 참가를 말렸지만, 학생들은 학당의 담장을 뛰어넘어 모두 만세 운동에 참가했다지.

그때 유관순은 고향에 내려가 병천 아우내에서 만세 시위를 벌이다 체포되어 모진 고문을 받았어. 이후 서대문 형무소에 갇힌 뒤에도 '대한 독립 만세!'를 외치며 끊임없이 저항하다가, 1920년에 열여덟의 나이로 차가운 감옥에서 세상을 떠나게 돼.

고문을 하도 많이 받아서 후유증으로 숨졌다는 얘기도 있고, 일본 헌병에게 맞아서 죽었다는 얘기도 있어.

아, 이야기만 들어도 가슴이 먹먹하지? 가슴 밑바닥에서부터 애통함이 치밀어 오르는 것 같아. 그런 의미에서 묵념 한번 하고 갈까? 일제로부터 나라를 구하려 기꺼이 목숨을 내놓은 순국선열들에게 다 같이 묵념!!!

노순경   유관순   어윤희

● 10옥사에서 12옥사까지 한눈에, 중앙사

중앙사는 10옥사에서 12옥사까지, 각 옥사를 한눈에 감시할 수 있도록 구성해 놓았어. 말 그대로 중앙에서 통제하는 곳이지.

중앙사와 분리되어 있는 9옥사는 출입문이 폐쇄되어 들어가 볼 수 없어. 나머지 옥사들 중 12옥사는 개방되어 있으니까 꼭 둘러봐. 그리고 서대문 형무소 역사관 VR 영상으로도 살펴볼 수 있어.

아까도 말했지만 12옥사 외벽에는 대형 태극기가 항상 걸려 있어. 서대문 형무소 역사관을 다녀간 기념으로 태극기 앞에서 사진 한 컷 남겨 보아도 괜찮겠지?

중앙사   중앙사에서 바라본 11옥사   사형장

아, 참! 서대문 형무소 역사관으로 가는 길에도 다양한 역사의 현장을 만날 수 있어. 서대문 독립 공원이 있거든. 역사관으로 가는 길에 먼저 둘러보는 것도 좋을 것 같아.

● 모두로부터의 독립을 위하여, 독립문

지하철 3호선 독립문역에 내리면 제일 먼저 볼 수 있는 곳이 바로 독립문이야. 청나라에서 온 사신을 맞이하는 곳에 세워져 있던 영은문을 헐고, 그 근처에 청나라와 사대 관계를 멈추려는 마음을 담아 독립문을 세웠다지.

아, 사대 관계가 뭐냐고? 그 당시 강대국이었던 중국에 조공을 바치던 국제 관계 형식 중의 하나야.

〈독립신문〉 영문판 1896년 6월 20일 사설에서, "독립문은 청나라로부터의 독립만 의미하는 것이 아니라 일본과 러시아와 모든 유럽 열강들로부터의 독립을 의미하는 것."이라고 분명히 밝힌 걸 보면, 대한 제국이 자주 독립 국가라는 사실을 세계만방에 알리기 위해 독립문을 세운 것 같기도 해.

● 우리나라 최초의 민간 신문, 〈독립신문〉

〈독립신문〉은 '독립 협회' 기관지로, 1896년에 개화파 지도자였던 서재필과 윤치호가 처음 만들었어. 순한글 신문으로 영자판 〈더 인디펜던스〉와 함께 발간했는데, 요샛말로 핫 이슈였지.

독립문

서재필 동상

그럴 수밖에 없는 것이 우리말 '한글'로 발행했잖아. 그 전까지만 해도 신문은 죄다 한자로 쓰여 있었거든. 지식인들만 신문을 볼 수 있었는데, 이제 한자를 모르는 사람들도 신문을 읽을 수 있게 된 거야.

게다가 딱딱한 정치 소식을 전달하는 데 그치지 않고, 사람들의 삶과 관련된 소소한 이야기나 사회의 부조리, 서양의 새로운 문물이나 사상 등을 이야기 형식으로 풀어내었어. 그 덕분에 백성들의 마음속에서 잠자고 있던 민족의식을 깨우고, 낡은 사고방식을 변화시키는 데 촉매제 역할을 해냈지.

하지만 시간이 흐르면서 정부에 대한 비판보다는 계몽적인 내용을 주로 다루면서 인기가 시들해졌어. 그런 데다 정부의 탄압과 재정난까지 겹치면서, 1899년 12월 4일에 폐간되었지. 그래도 우리나라 최초의 민간 신문이라는 점에서 매우 의미가 커. 여기서 '민간'은 정부나 기관에 속하지 않은 일반 사람을 뜻해.

독립관

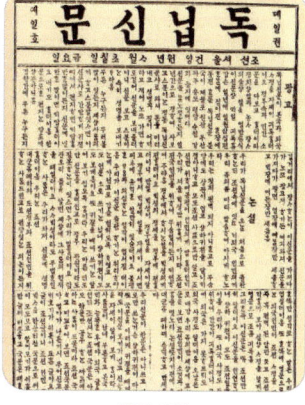
〈독립신문〉

● 독립 협회의 산실, 독립관

독립관은 뭐냐고? 음, 간단하게 말하면 독립 협회가 사무실로 사용했던 건물이야. 원래는 1407년에 조선의 세 번째 임금 태종이 중국 사신을 맞이하려고 지은 영빈관으로 이름이 '모화루'였다나 봐. 그 후에 세종이 확장해서 다시 지은 뒤 '모화관'으로 이름을 고쳤고. 조선 시대 목조 건축 양식의 대표적인 건물이라고 해.

그런데 조선 말기로 가면서 방치되어 있던 모화관에 서재필이 독립 협회를 세우면서 독립관이라 이름을 바꾸고, 애국 토론회를 여는 등 독립운동의 기지로 사용했다지. 일제가 독립운동을 탄압하는 과정에서 철거했는데, 1997년에 다시 지어 지금에 이른 거야.

독립문에서부터 찬찬히 둘러보면서 서대문 형무소 역사관으로 가면 되겠지? 아마도 민족의식이 절로 뿜뿜 솟아날걸.

학교에서는 언제 배워?

초등학교《사회》5학년 2학기 2단원 〈사회의 새로운 변화와 오늘날의 우리〉에서 일제의 침략에 맞서 나라를 지키기 위해 어떤 노력을 기울였는지에 대해서 배워. 3·1 운동과 독립을 위해 목숨을 바친 애국지사들에 대해서 자세히 알게 될 거야.

그건 왜 그래?

1. 지금 서대문 형무소 역사관에 남아 있는 옥사는 총 몇 개일까?
   ① 5개   ② 3개   ③ 1개

2. 중국과의 사대 외교를 멈추기 위해 영은문 자리에 세운 것은?

3. 여옥사에 수감된 독립운동가가 아닌 사람은?
   ① 유관순   ② 신사임당   ③ 어윤희   ④ 노순경

4. 서대문 형무소 사형장으로 가는 길에 서 있는 나무의 이름은?

정답 1.① 2.독립문 3.② 4.미루나무

활동하기: 독립운동가 수형 기록 카드를 보며 일기 쓰기

유관순 열사의 실제 수형 기록 카드야. 수감 당시 어떤 하루를 살았을지 상상하며 일기를 써 보자.

이름 : 유관순
생년월일 : 1902년 12월 16일
본적 : 충청남도 목천군 이동면 지령리
신장 : 151.5센티미터(추정)
직업 : 이화여자고등보통학교 1학년
형량 : 징역 3년
집행 감옥 : 서대문 감옥

도장 깨기 TIP TIP TIP

1 서대문 형무소 역사관 전시관 2층으로 올라가 보면 민족 저항실이라는 공간이 있어. 이곳은 1전시실부터 3전시실까지 구분되어 있는데, 특히 3전시실에는 독립운동가들의 수형 기록 카드 오천여 장을 전시하고 있지. 서대문 형무소에서 옥고를 치르고 순국하신 독립운동가들을 추모하며 찬찬히 살펴보도록 하자.

2 전시관 뒤편으로 가 보면 9옥사 바로 옆에 부채꼴 모양의 건물이 있어. 바로 격벽장이야. 서대문 형무소 수감자들이 운동을 하던 공간이지. 수감자들끼리 대화하는 것을 막고 한군데서 감시하기 위해 이런 모양으로 만들었다지?

3 격벽장을 지나가면 사형장이 나오는데, 그 앞에는 '통곡의 미루나무'가 있어. 사형수가 붙잡고 통곡했다는 의미에서 그런 이름이 붙여졌다고 해. 하지만 지금은 태풍으로 쓰러져서 형체만 남아 있어.

4 공작사는 10옥사와 11옥사 사이에 있어. 서대문 형무소에 수감된 재소자들의 노동력을 동원하여 각종 물품을 만들던 공장이지. 중일 전쟁 전후에는 군수 물품을 만들어 일본군에 공급했다고도 해.

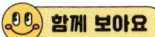 함께 보아요
대한민국 임시 정부 기념관

2022년 4월 11일에 문을 연 대한민국 임시 정부 기념관이 근처에 있어. 지하 3층, 지상 4층의 건물에 상설 전시관과 특별 전시실, 라키비움, 상징 광장, 수장고, 다목적홀, 옥상 정원으로 이루어져 있다고 해.

 함께 보아요
서울 앨버트 테일러 가옥

일제 강점기 때 앨버트 테일러라는 외국인이 살던 서양식 2층 주택이야. '딜쿠샤'라고 부르기도 하는데, '기쁜 마음'이라는 뜻이야. 1920년대 서양식 주택을 잘 보여 주는 건물로, 복원 사업을 거쳐 2021년 3월에 개관했으니 한번 들러 봐. 독립문역 근처에 있어.

서대문 형무소 역사관

- 주소 : 서울특별시 서대문로 통일로 251
- 홈페이지 : https://sphh.sscmc.or.kr
- 관람 시간 : 3~10월 09:00~18:00(입장 마감 17:30)
  11~12월 09:00~17:00(입장 마감 16:30)
- 입장료 : 3,000원(19세~64세), 1,500원(13세~18세), 1,000원(7세~12세)
- 휴관일 : 매주 월요일(공휴일인 경우 그다음 날)·1월 1일·설날·추석
- 대중교통 : 서울 지하철 3호선 독립문역 5번 출구 또는 버스(독립문역, 한성과학고 하차)
- 주차 요금 : 10분당 300원, 카드 결제 전용

이번에는 '식민지 역사 박물관'에 가 보려 해. 식민지라니……, 뭔가 이름에서부터 우울한 기운이 뿜뿜 풍기지? 이미 짐작한 친구들이 더러 있겠지만, 이곳은 일제 강점기 전문 역사 박물관이야. 우리나라가 일본의 식민지였던 시절, 그러니까 일제 강점기의 역사를 오롯이 들여다볼 수 있지. 어디에 있냐고? 음, 고종의 후궁이었던 순헌황귀비가 설립한 숙명여자대학교 근처에 있어. 자, 이제 출발해 보자.

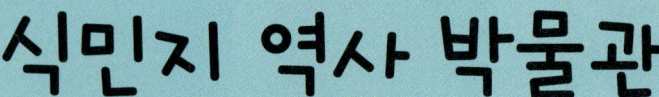

네 번째 도장
식민지 역사 박물관

식민지 역사 박물관은 2018년에 문을 열었는데, 특이하게도 시민들의 모금과 기증 자료로 이루어졌다고 해. 특히 개관일이 국치일인 8월 29일이어서 큰 관심을 모으기도 했지.

음, 국치일이 뭐냐고? 사전적 의미로는 '나라가 수치를 당한 날'이야. 그러니까 우리나라가 일본에게 국권을 빼앗긴 날을 가리켜. 1910년 8월 29일……. 으, 기억하고 싶지 않은 날이지. 그러니까 이 공간은 일제 침탈의 역사, 친일파의 민족 반역 행위 등의 기록을 담은 최초의 일제 강점기 전문 역사 박물관인 셈이야.

일제 강점기 전문 역사 박물관이라고?

식민지 역사 박물관 입구에는 '반민특위 터'라는 표석이 있어. 반민특위라……. 말이 좀 어렵지? 1948년에 만들어졌던 '반민족 행위 특별 조사 위원회'를 줄여서 부르는 말이야.

반민특위는 일제 강점기 반민족 행위를 했던 친일파를 조사하는 기구야. 그 당시 이승만 정부의 방해 등으로 친일파 청산에는 실패했어. 원래 반민특위가 있던 곳에 시민 모금으로 표석을 세웠는데, 그 자리에 호텔

식민지 역사 박물관의 전경과 '반민특위 터' 표석

이 들어서면서 방치되고 말았지. 그래서 반민특위 표석을 식민지 역사 박물관 입구로 옮겨 와 그 뜻을 이어 가는 중이야.

자, 이제부터 식민지 역사 박물관 내부를 둘러보도록 할게. 1층의 열린 공간은 '돌모루 홀'이라고 부르는데, 대체로 기획 전시가 열리곤 해. 시기마다 특별한 전시가 진행되니까, 홈페이지를 미리 살펴보고 가는 게 좋을 거야.

2층은 상설 전시관인데, 크게 네 개의 공간으로 나누어져 있어. 그리고 3층에는 일제 강점기를 연구하는 연구자들의 공간인 연구실이 있고, 4층에는 일제 강점기 시대의 각종 자료들이 보관되어 있지.

마지막으로 5층은 강의실이나 세미나실로 활용되는 공간으로, 시민들을 대상으로 하는 강의가 주로 열려. 원하는 강의가 있다면 시간 맞춰서 직접 참여해 봐도 좋겠지?

이제 2층에 위치한 상설 전시관으로 올라가 볼까?

탄압과 수탈의 대마왕, 일제

일제의 한반도 침략부터 1920년대까지의 식민 지배 과정을 전시하고 있어. 식민지 조선에서 모든 권력을 행사했던 조선 총독의 명단과 일제

식민지 시기의 1평 감옥을 체험하는 공간   일제의 한반도 침략 과정에 대한 전시 공간

에 나라를 판 이들의 명단, 그리고 그들이 나라를 판 대가로 어떤 부와 명예를 누렸는지를 전시하고 있지. 또, 쌀을 수탈해 간 과정도 낱낱이 보여 주고 있어. 조선인들은 그만큼 고통을 받을 수밖에.

전시의 중간 지점에는 '1평에서 체험하는 식민지 시기의 학교와 감옥' 공간이 있으니 체험해 보면 좋을 것 같아. 어찌 보면 일 분은 되게 짧은 시간이잖아? 그런데 그 작은 감옥에서는 일 분도 서 있기가 무척 힘들어.

애개개, 고작 일 분 갖고 그러느냐고? 못 믿겠으면 직접 체험해 봐!

사람도, 물건도 다 뺏어 가…

일제는 1931년 만주 사변을 시작으로 본격적인 침략 전쟁을 벌여 나갔어. 중일 전쟁과 아시아·태평양 전쟁을 잇따라 일으키면서 조선 사람들을 강제로 전쟁터에 끌고 나갔지 뭐야. 수많은 사람들이 강제 동원되어 탄광과 공장, 전쟁터로 끌려갔지.

여섯 번째 도장 〈전쟁과 여성 인권 박물관〉에서 살펴볼 일본군 '위안부' 할머니들도 이 시기에 끌려가 고초를 겪은 거야. 일제는 국가 총동원법을 제정하고, 식민지 조선에서 인적·물적 자원을 마음대로 빼앗아 갔

일제에 강제 동원되어 전쟁터와 공장으로 끌려간 사람들의 이야기를 담은 전시물

어. 일제의 침략 전쟁 막바지인 1944년과 1945년에는 징병을 통해 수없이 많은 조선 사람들을 전쟁터로 끌고 갔지.

나라를 빼앗긴 일제 강점기에 누군가는 독립을 위해 목숨을 내놓았지만, 누군가는 다른 사람에게 피해를 주며 자신의 이익을 위해서만 살았어. 독립운동과 친일 행위는 이렇게 나뉘었지. 우리가 현재 누리는 삶은 목숨을 걸고 독립운동을 한 이들의 노력 때문이라는 거 잊지 마. 이 모든

게 독립운동가들의 희생이 있었기에 가능한 거니까.

　지금 한가로이 스마트폰으로 게임을 하는 것도, 운동장에서 자유롭게 뛰어다니는 것도, 공중에 흩날리는 꽃잎을 보며 함박웃음을 짓는 것도 다…… 그분들의 희생이 우리의 행복에 발판이 되어 주었기 때문이야. 우리도 앞으로 후손들을 위해 현명하게 역사를 일구어 나가야 하겠지?

자신의 이익을 위해 친일 행위를 한 지식인들

지금의 우리는 무엇을 할 수 있을까?

　1945년 8월 15일, 일제의 패망은 우리 민족에게 광복의 기쁨을 안겨 주었지만 그것도 잠시, 한반도 정세에 대한 정보가 부족했던 미국은 일본으로부터 행정권을 받은 뒤 친일파를 그대로 두었어. 결국 친일파 청산은 정부 수립 이후로 미뤄졌지.

민족문제연구소에서 발간한 《친일인명사전》(2009)

친일파 청산이 제대로 되지 못한 채 꽤 오랜 시간이 흘렀고, 그사이에 친일에 대한 많은 증거들이 사라졌어. 게다가 친일파들 또한 지금은 대부분 사망했고.

그렇다고 해도 친일 행위를 한 사람들의 행적이 없었던 일이 되지는 않아. 이렇게 기록으로 역사에 남겨 두고, 또 우리도 두고두고 기억해야겠지?

학교에서는 언제 배워?

초등학교 《사회》 5학년 2학기 2단원 〈사회의 새로운 변화와 오늘날의 우리〉에서 일제의 침략과 광복을 위한 노력에 관해서 배워. 일제 강점기에 우리 민족이 일제로부터 당한 고통과 수탈, 그리고 우리 민족이 어떻게 독립운동을 벌여 나갔는지에 대해 공부하게 돼. 수많은 독립운동가들이 어떤 노력을 기울였는지 살펴보고, 하나하나 가슴에 새겨 보도록 하자.

그건 왜 그래?

1. 식민지 역사 박물관의 개관일은 어떤 날을 기억하기 위해 8월 29일로 했을까?

2. 식민지 역사 박물관 입구에는 친일파를 제거하기 위해 힘썼던 단체의 터가 있어. 그 단체의 이름은?

3. 일제 강점기 때, 자신의 이익만을 위해 일본 편에 섰던 사람들을 부르는 말은?

정답: 1. 국치일 2. 반민특위(반민족 행위 특별 조사 위원회) 3. 친일파

활동 하기 : 〈독립 선언서〉 함께 읽어 보기

식민지 역사 박물관에 가면 〈독립 선언서〉 인쇄물이 전시되어 있어. 아래 사진 맨 오른쪽에 선언서(宣言書)라고 적혀 있지? 본문의 첫 구절에 보면, "오등(吾等)은 자(玆)에 아(我) 선조(鮮朝)의 독립국(獨立國)임과 조선인(朝鮮人)의 자주민(自主民)임을 선언하노라……."라고 적혀 있는데, 사실은 '선조(鮮朝)'가 아니라 '조선(朝鮮)'이라고 써 있어야 해. 기미 독립 선언을 할 때 시위 현장에 뿌릴 전단지를 조판하는 과정에서 생긴 오류야. 그 당시 상황이 얼마나 급박했는지 알 수 있지? 우리가 제대로 고쳐 써 볼까?

잘못 인쇄된 글자	→	제대로 고치면?

도장 깨기 TIP TIP TIP

1 우리는 삼십육 년간 일본의 식민지로 고통을 겪었어. 수많은 이들이 목숨을 바친 덕분에 국권을 회복하게 된 거야. 서울 중심가 곳곳에서 독립운동에 헌신한 이들의 동상을 만날 수 있어. 근처에 갈 일이 있다면 들러서 고마운 마음을 표현해 보는 건 어떨까? SNS에 관련 게시물을 올려 보는 것도 좋겠지?

2 강우규 의사 동상은 서울역 앞에 있어. 강우규 의사는 1919년에 남대문역(지금의 서울역)을 지나는 조선 총독 사이토 마코토에게 폭탄을 던졌어. 그때 나이가 예순네 살이었다지.

3 대학로 마로니에 공원에 가면 김상옥 의사 동상이 있어. 김상옥 의사는 의열단 단원으로 활동했는데, 종로경찰서에 폭탄을 던지고 일본 경찰과 격전을 벌였지. 그러다 서른네 살의 아까운 나이로 세상을 떠났어.

4 을지로에 가면 나석주 의사 동상이 있어. 을지로는 조선의 토지와 자원을 수탈해 간 동양 척식 주식회사가 있던 곳이야. 나석주 의사 역시 의열단 단원으로 활약하다가 서른네 살의 나이로 순국했어.

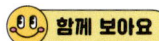

경성 연합군 포로수용소 터

서울 용산구 신광여자중학교·신광여자고등학교 부지에는 본래 경성 연합군 포로수용소가 있었다고 해. 아시아·태평양 전쟁 때 말레이(싱가포르) 전투에서 일본군에 사로잡힌 연합군 포로들을 수용하기 위해 일제가 만들었지.
일제가 연합군 포로들을 데려온 이유는 사람들에게 승리하고 있다고 선전하기 위해서였다고 해. 포로수용소 건물을 2011년에 철거되어 역사 속으로 사라졌어. 지나가는 길에 보게 된다면, '이런 역사가 있었구나.' 하고 한 번쯤 생각해 보는 것도 좋을 것 같아.

민주 인권 기념관
(옛 남영동 대공 분실)

수도권 전철 1호선 남영역 근처에는 민주화 이전 공권력의 고문 시설이었던 남영동 대공 분실이 있었어. 북한의 간첩 등을 상대로 수사를 맡았던 기관이야. 이 공간에서는 죄가 없는 사람들에게 끔찍한 고문을 한 것도 모자라 간첩으로 몰아가기까지 했어. 수많은 사람들의 인권이 침해당했지.
6월 민주 항쟁의 도화선이 되었던 박종철도 여기서 고문받다가 목숨을 잃었어. 2025년 6월에 정식으로 개관한다고 해. 한번 가 보는 것도 의미 있겠지?

식민지 역사 박물관

- 주소 : 서울특별시 용산구 청파로 47다길 27
- 홈페이지 : http://historymuseum.or.kr
- 관람 시간 : 10:30~18:00(입장 마감 17:30)
- 입장료 : 무료
- 휴관일 : 매주 월요일·설날·추석·근로자의 날
- 대중교통 : 서울 지하철 4호선 숙대입구역에서 도보 10분

서울 지하철 6호선이나 경의중앙선을 타고 가다 보면 '효창공원역'이 있어. 어쩌면 한 번쯤 들어 봤을 것 같기도……. 효창 공원에는 조국의 독립을 위해 피와 땀을 흘린 애국선열들이 잠들어 있지. 그 전에는 무심코 지나쳤을지도 모르지만, 지금부터 찬찬히 둘러보고 나면 다시 지나갈 때는 생각이 좀 달라질걸. 자, 이제 효창 공원으로 달려가 보자.

다섯 번째 도장
효창 공원

효창 공원은 본래 조선 22대 임금 정조의 큰아들 문효 세자의 묘가 있던 자리야. 정조는 문효 세자와 그의 생모 의빈 성씨가 세상을 떠나자 깊은 슬픔에 빠졌어. 그들의 묘를 궁궐 가까이에 두고 싶어서 신하들을 시켜 좋은 장소를 수소문했지.

여러 후보 가운데서 소나무가 울창하고 한강이 보이는 언덕을 골라 '효창원(孝昌園)'이라고 이름을 지었다나. 여기서 효창은 '효(孝)성스럽고 번성(昌)하다'는 의미야.

효창원이 일제한테 무참히 짓밟혔다고?

그런데 말이야, 일제 강점기에 접어들면서 효창원이 무참히 짓밟히게 돼. 소나무 숲이 우거지고 인적이 드물다는 점을 이용해 일제가 독립군을 토벌하고 소탕하는 장소로 이용했거든.

그것도 모자라, 1921년에는 아예 이곳을 다 파헤쳐서 골프장으로 만들어 버렸어. 그렇게 해서 삼 년 정도 운영하다가, 1924년에는 효창원 일부를 공원으로 만들어서 사람들에게 공개했지. 그 후 벚나무와 플라타너스 같은 외래 식물을 옮겨 심고, 놀이 시설을 들여와서 아예 유원지로 바꿔 버렸다는…….

● **여기, 애국선열들 고이 잠들다**

그럼 여길 왜 가는 거냐고? 설마 꽃구경하러? 그럴 리가! 이제부터가 진짜야. 일제 강점기 때 목숨 바쳐 독립운동을 했던 애국선열들이 여기에 잠들어 있거든.

1945년에 우리나라가 일제로부터 해방된 건 다 알고 있지? 그 이듬해에 윤봉길, 이봉창, 백정기 의사의 유해를 수습해 추도식을 한 뒤 이곳 '삼의사' 묘역에다 안장했지. 그 뒤 대한민국 임시 정부 요인 출신인 이동녕, 차리석, 조성환의 유해도 옮겨 와 효창원 서북쪽 언덕에 안장했고. 2002년에는 김구의 항일 업적을 기려서 이곳에다 백범 김구 기념관을 세웠어.

이제 효창 공원 안으로 슬슬 들어가 볼까? 정문으로 들어서면 이동녕, 차리석, 조성환의 묘역이 보여. 그 왼편으로는 이봉창, 윤봉길, 백정기의 묘역이 있고, 정문을 기준으로 왼쪽으로 가면 이봉창의 동상을 만날 수 있어.

동상을 지나면 백범 김구 기념관이 나와. 기념관 뒤편으로 김구의 묘역이 있지. 그 가운데 공간에는 독립운동가들의 영정을 모셔 둔 의열사가 있고.

우리나라 항일 운동의 구심점, 김구

훌륭한 독립운동가들이 많이 있지만, 그 가운데서 김구에 관해 먼저 알아볼까 해. 음, 김구에 대해서는 많이 들어 봤지? 그 유명한 말 있잖아.

"네 소원이 무엇이냐?" 하고 하나님이 내게 물으시면,
나는 서슴지 않고 "내 소원은 대한 독립이오." 하고 대답할 것이다.

김구의 호는 백범(白凡)인데, '보통 사람'이라는 뜻이야. 다들 짐작하겠지만 김구는 평생토록 조국의 독립을 위해 힘썼어. 그래서일까? 김구는 이름을 자주 바꾼 걸로 유명해. 처음에는 창암이었다가, 나중에는 창수로, 그 뒤에는 지금 우리에게 알려진 '구'로 바꾸었지.

이름을 왜 이렇게 자주 바꾸었을까? 그건 독립운동을 하면서 가명을 써야 했기 때문이야. 실제로는 이것보다 훨씬 더 많은 이름을 사용했을지도 몰라.

백범 김구 기념관 입구에 들어서면 1층에서 김구의 동상을 만날 수 있어. 동상의 왼쪽 벽면에 김구의 어린 시절을 비롯해, 동학 농민 운동과 의병 활동에 참여했던 젊은 날들의 기록이 있으니 잘 살펴봐.

김구는 동학, 불교, 개신교, 가톨릭교, 원불교 등 거의 모든 종교에 관심을 가졌다고 해. 국민 지도자로서 다양한 종교를 품으려고 그랬다나.

그의 삶은 한마디로 파란만장해. 열일곱 살에 과거에 응시한 뒤 낙방

백범 김구 기념관

김구 묘역

백범 기념관 로비의 김구 동상

하자 동학 농민 운동에 참가했고, 불교에 귀의해 승려 생활을 했으며, 훗날에는 양산학교와 보강학교 등에서 교편을 잡기도 했거든. 교육·계몽 운동을 하다가 일본 경찰에 붙잡혀 서대문 형무소에 갇히기도 했지.

형무소에서 나온 다음에는 중국 상하이로 건너가 대한민국 임시 정부에 합류했어. 도산 안창호의 추천으로 경무국장이 되었는데, 지금의 경찰청장과 비슷한 자리야. 그 후 대한민국 임시 정부에서 임시 의정원 의원과 내무총장을 거쳐, 그 당시 최고 직책 중 하나라 할 수 있는 국무령까지 지냈지.

대한민국 임시 정부가 뭐냐고? 1919년 4월에 중국 상하이에서 이승만, 이동녕, 이동휘 등을 중심으로 일제에 빼앗긴 주권을 되찾기 위해 임시로 조직한 정부를 말해. 우리나라가 광복을 맞이할 때까지 항일 민족 운동의 중심 기관이었어.

아, 직책들이 죄다 낯설다고? 주로 중국에서 사용하던 이름들이라서 그래. 국무령은 국가의 행정 부문을 책임지는 지도자야. 이 시절의 대한민국 임시 정부는 형편이 무척이나 어려웠다고 해. 그때의 어려움이《백범일지》에 고스란히 적혀 있다고 하니까 시간 날 때 한번 읽어 봐.

김구는 1931년에 한인 애국단을 조직하는데, 한인 애국단은 대한민국 임시 정부 소속의 항일 독립운동 단체를 가리켜. 일본의 주요 인물을 암살하려는 목적을 가지고 만들었지. 이러한 독립운동을 의열 활동이라고 불러. 이쯤에서 머릿속에 딱 떠오르는 사람들이 있지 않니? 맞아, 이봉창과 윤봉길…….

일본 왕에게 수류탄을, 이봉창

첫 의열 활동에는 이봉창이 나섰어. 왠지 애국선열 하면 태어날 때부터 나라 걱정을 했을 것 같지 않니? 다 그렇지는 않아. 이봉창만 해도 처음에는 독립운동에 그다지 관심이 없었거든.

워낙 가난한 집안에서 태어난 탓에 보통학교(지금의 초등학교)를 졸업하고는 일본 사람이 운영하는 과자점에 취직했어. 조선 사람이라는 이유로 엄청나게 멸시를 받았다지. 그 후로 이런저런 직업을 거치면서 일본 사람들과의 차별 대우에 계속 시달렸다고 해.

일본으로 건너가 살던 1928년 11월에는 히로히토 일본 왕의 즉위식을 참관하기 위해 교토에 갔다가 조선인이라는 이유로 경찰에 체포되어 열흘 동안이나 유치장에 갇히기도 했고. 식민지 백성의 억울함을 제대로 겪었다고 할까.

  1930년 11월, 이봉창은 일본에서의 삶을 청산하고 중국 상하이로 건너갔어. 그곳에서 임시 정부 요인이었던 안중근의 동생 안공근을 만나면서 독립운동에 눈을 뜨게 되었지. 그리고 안공근의 소개로 김구를 만나게 돼.

  김구는 이봉창에게 한인 애국단의 실체를 알리면서 일본 왕을 죽임으로써 꺼져 가는 독립운동

이봉창 동상

의 불씨를 되살리겠다는 포부를 밝혔어. 이봉창은 자신에게 폭탄을 준다면 기꺼이 일본 왕을 죽이겠다고 큰소리를 땅땅 쳤다지? 그때 수류탄 두 개를 손에 들고 환하게 웃으며 기념사진까지 찍었다고 해.

  운명의 1932년 1월 8일, 군중 틈에서 기회를 엿보다가 일본군의 행렬이 지나가고 일본 왕의 행렬이 나타나자 수류탄 한 발을 힘차게 던졌어. 안타깝게도 수류탄은 일본 왕의 마차가 아니라 궁내 대신의 마차를 맞추고 말았지 뭐야.

  갑작스런 공격에 당황한 경찰들은 범인을 찾기 위해 사방을 봉쇄한 다음 용의자를 마구잡이로 잡아들였지. 이봉창은 억울하게 잡혀가는 사람들을 보고는 담대한 표정으로 일본 경찰 앞으로 나아가 자신이 범인임을 밝혔다고 해. 비록 실패로 돌아가긴 했지만, 우리 민족의 독립 의지를 세계만방에 보여 준 역사적인 사건이라 할 수 있어.

훙커우 공원의 위대한 영웅, 윤봉길

같은 해에 중국 상하이에서 또 하나의 커다란 의거가 있었어. 누군지 감이 딱 오지? 그래, 맞아! 바로 윤봉길이야.

윤봉길은 열한 살이던 1918년에 보통학교에 입학했지만, 조선 사람으로서 우리말도 마음대로 못 쓰는 데다 일본인 교사한테 수업을 받아야 한다는 사실을 몹시 못마땅히 여겼어.

그러던 차에 이듬해 3·1운동을 보고는 일본 사람들을 더욱더 증오하게 되어 학교를 그만두고 한학을 배우러 서당에 다녔지. 동네에서 글자를 몰라 아버지 묘소를 찾지 못하는 농부를 보고는 야학을 열어 문맹 퇴치 및 계몽 운동에 힘썼다고 해.

그 후 독립운동에 관심을 가지고 만주 등에서 갖가지 사회 활동을 펼치다가, 대한민국 임시 정부의 김구를 찾아가 "이봉창 의사와 같은 일로써 달라."고 부탁을 했다나 봐.

총과 수류탄을 들고 있는 윤봉길

그리하여 김구와 함께 1932년 4월 29일 상하이의 훙커우 공원에서 열리는 일본 왕의 생일 잔치와 상하이 점령 전승 기념 행사를 폭탄으로 공격할 계획을 세운 거야.

도시락과 물통으로 위장한 폭탄을 만들었는데, 그 까닭은 훙커우 공원에서 그 기념 행사에서 식사가 제공되지 않아 각자 도시락을 지참하게 했기 때문이야. 바로 그 허점을 노린 거지.

물통은 투척용으로, 도시락은 자결용으로 제작했다고 해. 자결용은 왜 만들었냐고? 일본 경찰에 잡혔을 때 신문을 받지 않기 위해 스스로 목숨을 끊으려 한 거지.

11시 40분, 일본 국가인 기미가요가 울려 퍼지고 묵념을 올리는 순간, 윤봉길은 단상으로 다가가 물통 폭탄을 던졌는데, 시라카와 대장과 노무라 중장 사이에 떨어져 폭발을 했어.

사령관이었던 시라카와 대장은 병원으로 옮긴 뒤 숨졌고, 외교관이었던

시게미쓰 마모루는 그날 한쪽 다리를 잃고 의족을 착용하게 되었다나 봐. 훗날 일본이 미국에 항복할 때, 다리를 절룩이며 서명을 하러 갔다지.

당시 중국의 총통이었던 장제스는 윤봉길의 홍커우 공원에서의 폭탄 투척 소식을 전해 듣고 "중국의 100만이 넘는 대군도 하지 못한 일을 조선인 청년 윤봉길이 해내다니, 정말로 대단하다."며 감탄했다고 해.

이 일을 계기로 장제스는 대한민국 임시 정부와 한인 애국단을 이끌던 김구의 존재를 알게 되고, 경제적 후원 등 여러 가지 도움을 주기 시작했어.

김구와 윤봉길은 의거를 하기 전에 사진 한 장을 남겼는데, 거사 전 마지막 사진이라고 할까. 윤봉길 의사가 폭탄을 던졌던 상하이 홍커우 공원은 지금 중국의 대문호 루쉰의 이름을 따 루쉰 공원으로 바뀌었어.

루쉰 공원 내부에는 윤봉길 의사의 호를 따서 지은 기념관 '매헌'이 있지. 혹시라도 중국 상하이로 여행을 떠난다면 꼭 한번 들러 봐.

독립운동에 힘쓴 삼의사가 한자리에!

삼의사가 뭘까? 말 그대로 세 명의 의사를 말해. 아, 여기서 '의사'는 병원에서 진료하는 의사가 아니라 의로운 뜻을 품은 사람을 뜻해. 효창 공원에 있는 삼의사는 바로 이봉창, 윤봉길, 백정기를 가리켜. 이봉창과 윤봉길에 대해서는 이미 얘기를 했으니까, 이번에는 백정기에 대해서 간단히 소개할게.

백정기는 열아홉 살 때 큰 뜻을 품고 서울로 올라왔다가, 3·1 운동이 일어나자 〈독립 선언서〉와 전단지를 가지고 고향에 내려가 항일 운동을 이끌었어.

1919년 8월부터 일본인 및 일본 군사 시설에 대한 공격 활동에 참여했지. 그 후 각지를 몰래 다니며 독립운동 자금을 마련한 뒤, 일본과 중국을 오가며 일본을 상대로 투쟁을 계속 이어 갔어.

그러다 1933년 3월, 상하이 훙커우에서 중국 주재 일본 공사 아리요시 아키라를 암살하려고 모의하다가 육삼정에서 체포되었지. 그래서 이걸 '육삼정 의거'라고 부르는 거야.

1945년 8월 15일 광복 후 김구는 삼의사, 즉 이봉창, 윤봉길, 백정기의 유해를 모셔 와 장례식을 치러 주었어. 우리나라 최초의 국민장이었지. 무려 오만 명이 넘는 사람들이 참석해서 추모를 했다고 해. 그 덕분에 삼의사는 효창 공원에서 평안히 잠들게 되었지.

삼의사 묘역

참, 임정 요인 묘역도 있어

　임정 요인? 으악, 말이 너무 어렵지? 여기서 임정은 '임시 정부'의 줄임말이야. '요인(要人)'은 중요한 자리에 있는 사람이라는 뜻이고. 그러니까 대한민국 임시 정부의 중요한 사람이라는 의미지.

　광복 후 김구는 입버릇처럼 죽은 뒤에도 동지들과 함께하고 싶다는 말을 했다고 해. 다 같이 이곳 효창 공원에 안장되었으니 결국 그 뜻을 이룬 셈이랄까.

　임정 요인 묘역에는 이동녕, 차리석, 조성환 등 세 독립운동가의 유해가 안치되어 있어. 이동녕은 대한민국 임시 정부에서 주석을 지냈고, 차리석은 비서장 자리에 있었어. 조성환은 군무부장이었고.

  이곳에 안치되어 있는 분들은 모두 우리나라의 독립을 위해 온몸을 바쳤던 독립운동가들이야. 삶의 모든 것을 바치신 분들이지. 이분들이 없었다면 지금의 대한민국도 없겠지? 그런 뜻에서, 다 같이 묵념!!!

학교에서는 언제 배워?

초등학교 《사회》 4학년 1학기 2단원 〈우리 지역의 국가유산〉에서 내가 사는 지역의 역사와 특징, 그리고 예전에 살았던 사람들의 생각과 생활 모습에 대해 공부해. 또, 5학년 2학기 2단원 〈사회의 새로운 변화와 오늘날의 우리〉에서 일제의 침략과 광복을 위한 노력에 대해 배워. 제국주의 일본에 맞서 싸우는 독립운동가들의 모습을 만날 수 있지.

그건 왜 그래?

1. 효창 공원에 있는 기념관 이름은?

2. 다음 중 효창 공원에 동상이 없는 사람은 누구일까?
   ① 김구   ② 이봉창   ③ 윤봉길

3. 김구가 독립운동을 하면서 틈틈이 쓴 책의 이름은 무엇일까?

정답 1. 백범 김구 기념관 2. ② 3. 《백범일지》

활동하기 | 효창 공원에서 나만의 무궁화 사진 찍기

효창 공원에는 일 년 내내 피어 있는 무궁화가 있어. 바로 김구 무궁화, 안중근 무궁화, 윤봉길 무궁화, 이봉창 무궁화, 백정기 무궁화야. 5개의 무궁화와 인증 샷을 찍어서 붙여 보자.

도장 깨기 TIP TIP TIP

1 효창 공원은 수많은 독립운동가들의 혼이 잠들어 있는 곳이야. 독립운동가들 외에도 다양한 이들의 흔적이 남아 있지. 공원을 한 바퀴 돌면서 그 사람들이 들려주는 이야기에 귀를 기울여 볼까?

2 효창 공원 내 동쪽에 보면, 원효 대사 동상이 있어. 1969년에 세워진 것인데, 효창 공원에서 가장 옛날 사람이라고 할 수 있지.
아, 참! 효창 공원이랑 원효 대사가 딱히 연관이 있지는 않아. 그래도 재미 삼아 한번 찾아봐.

3 효창 공원 내 서쪽에 탑이 하나 있는데, 세로로 길게 '북한 반공 투사 위령탑'이라고 새겨져 있어. 6·25 전쟁 때 반공 투사를 추모하기 위해 세워졌다나 봐.
반공이 뭐냐고? 공산주의에 반대한다는 뜻이야. 그러니까 북한군의 침략에 맞서 싸운 사람들을 기리는 탑이라고 생각하면 돼.

4 효창 공원에는 육영수 여사 경로 송덕비도 있어. 육영수 여사가 누구냐고? 1963년에서 1979년까지 대통령 자리에 있었던 박정희 전 대통령의 영부인이야.
육영수 여사는 1974년 광복절 기념식에서 문세광이란 사람이 쏜 총에 맞고 세상을 떠났지. 1975년에 박정희 전 대통령의 지시로 효창 공원에 송덕비를 세웠다고 해.

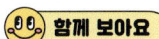 

일제 경성 호국 신사 계단
(후암동 108계단)

효창 공원에서 서울역 방향으로 가는 길에 해방촌이라는 곳이 있어. 해방촌은 일제 강점기 당시에 조선 신궁(일제 경성 호국 신사)의 일부와 일본군의 사격장으로 사용되던 곳이지.

지금 해방촌으로 올라가는 길에 있는 계단이 바로 그곳이야. 후암동 108계단이라고도 하는데, 정식 이름은 일제 경성 호국 신사 계단이라고 해.

문화역 서울 284

1900년에 경인선의 개통과 함께 지어진 남대문 정차장을 시작으로 일제 강점기에는 경성역으로, 광복 후에는 서울역으로 사용된 공간이야.

2004년에 새 서울역이 건설되면서 폐쇄되었어. 2011년부터는 문화역 서울 284로 재탄생되어, 현재 전시 공간으로 활용되고 있지. 그런데 284가 뭐냐고? 국가가 지정한 문화재의 사적 번호가 284번이어서 이름 끝에 붙인 거야.

효창 공원

- 주소 : 서울특별시 용산구 효창동 255 일대
- 홈페이지 : https://www.hyochangpark.com
- 관람 시간 : 제한 없음
- 입장료 : 무료
- 대중교통 : 서울 지하철 6호선·경의중앙선 효창공원앞역 1번 출구 또는 버스(효창공원 하차)
- 주차 : 효창공원앞역 주차장 이용

뉴스 같은 데서 일본군 '위안부'란 말을 들어 본 적 있을 거야. 일본군 '위안부'가 무슨 말이냐고? 일제가 침략 전쟁을 벌이며 일본군의 점령지나 주둔지 등에 있는 위안소에서 성 노예 생활을 강요받은 여성들을 가리켜. 서울 마포구 성미산 아래에 일본군 '위안부' 생존자 할머니들의 이야기와 아픈 역사를 담은 '전쟁과 여성 인권 박물관'이 있어. 자, 다 같이 출발해 볼까? 주택가 담벼락의 벽화가 보인다면 잘 찾은 거야.

첫 번째 도장
전쟁과 여성 인권 박물관

전쟁과 여성 인권 박물관은 2012년에 일본군 '위안부'의 역사를 기록하고 기억하기 위해 만든 공간이야. 다른 박물관과 달리, 전쟁과 여성 인권 박물관은 오직 시민들의 후원으로만 운영되고 있어.

박물관 이름에 '전쟁'이라는 말이 들어 있긴 하지만, 이 박물관은 '여성, 인권, 평화'를 지키기 위해 지어졌다는 사실을 꼭 기억해.

박물관으로 가는 길에 보면 노랑나비 모양의 응원 메모들이 잔뜩 붙여져 있어. 그리고 담벼락에는 일본군 '위안부' 생존자들의 고통스런 이야기가 그림으로 그려져 있지.

다시는 이런 일이 일어나지 않기를 바라는 사람들의 진심 어린 메시지가 가슴 뭉클하게 느껴지지 않니?

전쟁과 여성 인권 박물관으로 올라가는 길

 꼭 기억해야 할 역사, 일본군 '위안부'

　전쟁과 여성 인권 박물관은 그리 큰 박물관은 아니야. 하지만 생각해 볼 거리가 참 많은 공간이지. 전시는 크게 세 개의 공간으로 나누어져 있어. 1부는 '과거, 그 무거웠던 시간들', 2부는 '과거와 현재의 만남', 3부는 '현재를 딛고 미래를 향하여'로 구분되어 있거든.

　우리가 역사를 배우는 이유는 '과거를 통해 현재를 살아가고 미래를 만들어 가는 것'이라고 생각해. 과거에 여성들이 겪어야 했을 가혹했던 그 역사를 정면으로 마주하고, 다시는 이러한 일이 되풀이되지 않도록 평화를 지키기 위해 노력해야 하지 않을까? 자, 그럼 지금부터 하나씩 둘러보도록 하자.

● 1부: 과거, 그 무거웠던 시간들

　전시는 건물 바깥에서부터 시작하는데, 시작점에 낡은 구두 한 켤레가 놓여 있어. 자, 이제 일본군 '위안부' 할머니들이 걸어간 길을 함께 따

할머니들의 얼굴이 인쇄된 입장권과 할머니들을 기억하는 여러 전시물

라가 보자. 입장권에는 저마다 다른 할머니들이 새겨져 있어서 한 분 한 분과 인연을 맺는 것처럼 마음으로 가까이 느낄 수 있어.

길 끝에 있는 계단을 내려가면 넓은 공간이 나오는데, 이곳에서는 전쟁의 포화 소리와 할머니의 영상을 만날 수 있어. 피해자들이 겪어야 했을 고통의 순간에 저절로 감정을 이입하게 되지. 역사적인 공간에서 할머니들을 만나고 할머니들의 목소리에 귀를 기울이며 첫 번째 전시 공간을 지나가게 돼.

어때, 목소리가 들리는 것 같니?

● **2부 : 과거와 현재의 만남**

2층으로 가는 계단을 올라가면 전시 공간을 만날 수 있어. 계단을 오르는 길의 벽에는 여러 문구가 전시되어 있지. 벽돌에 새겨진 글씨를 보면서 할머니들의 마음을 상상해 볼까?

앗, 어느새 2층에 도착했어. 여기서부터는 본격적으로 역사를 공부할 수 있을 거야. 일본군 '성 노예' 제도가 일본의 조직적인 국가 범죄임을

할머니의 증언이 담긴 벽돌

밝히는 증거가 전시되어 있거든. 그리고 일본군 '위안소'의 실태와 일본군 '위안부' 할머니들의 피해와 증언도 볼 수 있어.

일본군 '위안부' 최초의 증언자, 김학순 할머니

　6월 민주 항쟁 이후인 1988년에 일본군 '위안부' 문제가 처음으로 세상에 공개되었어. 일본 정부는 법적 책임을 회피하기에 바빴지. 1991년 12월에 김학순 할머니는 피해자로서는 최초로 얼굴과 이름을 공개하며 소송에 참여했어. 국내 거주자로는 처음으로 일본군 '위안부'의 실상을 실명으로 증언해 일본군의 만행을 고발했지.

　김학순 할머니는 열일곱 살 때 일본군에게 끌려가 중국에서 '위안부'

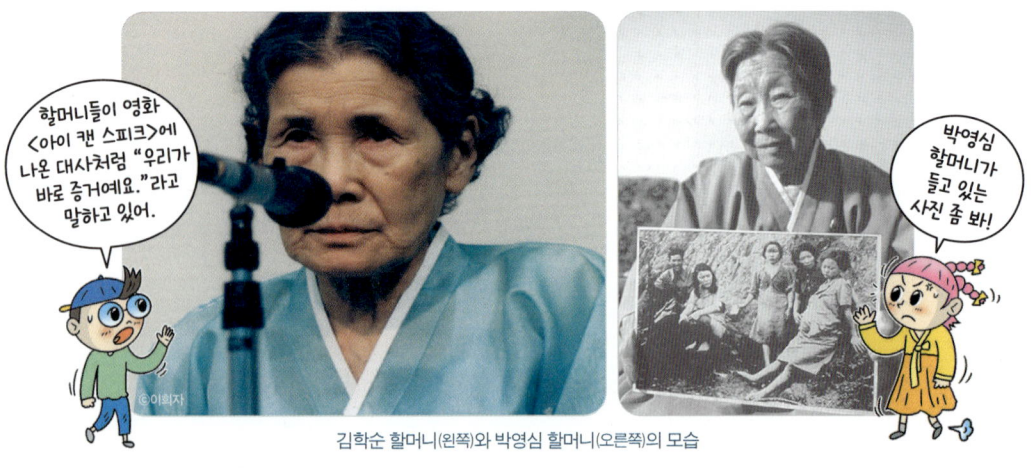

김학순 할머니(왼쪽)와 박영심 할머니(오른쪽)의 모습

생활을 하게 되었다고 해. 오 개월 뒤 조선인 상인의 도움을 받아 가까스로 '위안소'를 탈출했지.

1990년에 일본이 "일본군은 군대 위안부 문제에 관여하지 않았다."고 발표하자, 이에 분노해서 자신이 겪은 일을 폭로하기로 결심한 거야. 1991년 8월 14일, 광복 46주년을 하루 앞두고서 정신대 문제 대책 협의회 사무실을 찾아가, 일본의 주장을 반박하며 일본군의 만행을 고발했어.

1991년 12월 6일에는 일본 도쿄 지방 재판소에 일본군 '위안부' 문제를 정식으로 제소해, 1994년 6월 6일 제9차 재판 진행 중에 증언을 하기도 했지. 그 외에도 일본군 '위안부' 문제 항의 집회에 빠짐없이 참가해 일본 정부의 사죄와 보상을 촉구했으며, 이를 국제 사회 문제로 확대하는 데 남은 삶을 모두 바쳤어.

그렇게 눈물겹게 노력했지만, 안타깝게도 김학순 할머니는 일본의 사과를 받지 못한 채 1997년에 돌아가셨어. 사람들은 '민족의 아픔을 개인적인 한을 넘어 역사적 교훈으로 승화시킨 위대한 여인'이라고 입을 모아 칭송하며 추모했지.

● 3부 : 현재를 딛고 미래를 향하여

이곳은 일본군 '위안부' 할머니들뿐만 아니라 전 세계에서 전쟁으로 인해 고통받는 여성들의 인권을 살펴보는 공간이야. 세상에, 전쟁이 아직도 있냐고? 당연하지. 지금 우리나라는 무척 평화로운 듯 보이지만 휴전 상태잖아.

아시아뿐만 아니라 아프리카에서도 오래전부터 유럽의 노예 무역으로 큰 타격을 입었어. 제2차 세계 대전 이후인 1960년대 아프리카의 수많은 국가들이 독립했지만 민족 간, 국가 간, 종교 간 분쟁으로 계속 어려움을 겪고 있지. 지금도 전쟁 속에서 고통당하는 여성들이 너무나도 많다고 해. 평화를 지키기 위해 다 함께 고민해 보자고!

3부 전시실의 모습

혹시 '수요 시위'를 알아?

　일제 강점기가 언제인지는 알지? 우리나라는 1910년에 일본에 의해 국권을 빼앗긴 뒤 1945년에 광복을 하게 돼. 여기서 광복은 나라를 되찾는다는 뜻이야. 그 시기의 일본은 우리나라뿐 아니라 아시아의 여러 나라를 침략해 사람들을 강제로 동원하고 또 약탈을 일삼았어.

　그리고 1930년대부터 1945년 8월 15일까지 침략 전쟁을 일으켰던 아시아 및 태평양 전 지역에 일본군을 위한 '위안소'를 설치했지. 대체로 일본의 식민지나 점령지의 여성들이 일본군 '위안부'로 끌려가 성 노예 생활을 강요받았다고 해.

　일본군 '위안부'는 전쟁터에서 학대와 질병, 폭격 등으로 대부분 사망했어. 또, 일본군은 패망할 때 증거를 없애기 위해 '위안부'들을 대거 죽이기까지 했지. 가까스로 살아남은 이들은 몸과 마음에 큰 상처를 입었지만, 자신의 기억을 감춘 채 살아가야만 했고.

'우리는 함께 평화로 간다'라는 주제로 열린 1,600회 기념 수요 시위(2023. 6. 14.)

　그렇게 반세기가 지난 뒤, 생존한 피해자들은 하나둘씩 자신의 이야기를 소리 내기 시작했고, 시민 사회는 이들의 고통에 공감하며 해결하기 위해 노력해 나갔지.

　김학순 할머니의 공개 증언을 시작으로 피해자들의 신고 전화가 이어지고 일본군 '위안부' 문제를 입증할 자료들도 내놓았지만, 일본 정부는 책임을 회피하는 것도 모자라 한술 더 떠 망언을 일삼았어. 그래서 한국 정신대 문제 대책 협의회에서 정기적으로 시위를 진행하기로 결의한 거야.

　이런 과정 속에서 1992년 1월 8일에 '수요 시위'가 처음 시작되었어. 첫 시위 당시의 요구 사항은 아래와 같아.

1. 일본 정부는 조선인 여성들을 군 위안부로서 강제 연행한 사실을 인정하라.
2. 그것에 대해 공식적으로 사죄하라.
3. 만행의 전모를 스스로 밝혀라.

4. 희생자를 위해 추모비를 세워라.
5. 생존자와 유족들에게 배상하라.
6. 이러한 잘못을 되풀이하지 않기 위해 역사 교육을 통해 이 사실을 가르쳐라.
7. 책임자를 처벌하라.

● **평화의 소녀상을 지켜라!**

　광복절이나 특별한 기념일에는 각국에서 동시에 시위를 진행하여 국제적인 연대 집회로 일본군 '위안부' 문제를 해결하려 했지. 하지만 삼십 년이 더 흐른 지금까지도 일본으로부터 진정한 사과를 받았다거나 뭔가 뚜렷이 해결된 것은 없어. 생존한 피해자들의 숫자도 점점 줄어들고 있는 상황인데도 말이야. 참으로 안타까운 일이지.

　2011년에는 1000차 수요 시위를 기념하여 '평화의 소녀상'이 주한 일본 대사관의 도로 건너편에 합법적으로 설치되었어. 2015년 12월 28일 '한일 정부 합의' 내용에 평화의 소녀상 철거가 들어 있다고 일본 정부가 주장하면서 더욱더 많은 학생들과 시민들이 관심을 가지고 수요일뿐 아니라 평일에도 평화의 소녀상을 지키는 활동을 해 오고 있지.

　이런 일일수록 우리가 다 함께 기억하고, 또 그 기억을 잘 기록해 두어야 두 번 다시 똑같은 비극이 되풀이되지 않을 거야.

다른 나라에도 '전쟁과 여성 인권 박물관'이?

물론이야. 우리나라만 일제 강점기라는 아픈 역사를 겪은 게 아니야. 앞에서 잠깐 언급한 대로, 일본이 점령했던 아시아의 여러 나라들이 이 같은 고통을 함께 겪어야 했거든.

중국 난징에 가면 '리지샹 위안소 유적 진열관'이란 곳이 있어. 일본군이 운영한 사십여 '위안소' 가운데 아시아 전체에서 가장 큰 규모였다고 해. 이 박물관은 2015년에 정식으로 문을 열었는데, 중국 전역의 위안소 및 '위안부' 관련 사진과 자료를 전시하고 있지.

입구로 들어서면 제일 먼저 일본군 '위안부'의 사진을 만날 수 있어. 진열관 앞에는 배가 불러 있는 임산부의 조각상이 있는데, 평안도에서 끌려와 일본군 '위안부'로 고초를 겪었던 박영심 할머니를 모델로 했다고 해. 조각상 뒤의 벽에는 눈물이 떨어지고 있는 부분도 묘사되어 있지.

박영심 할머니는 이 건물의 19번 방에서 삼 년 동안 '위안부' 생활을

중국 리지샹 위안소 유적 진열관

박영심 할머니를 모델로 한 조각상

했다고 해. 진열관 곳곳에 전시된 자료와 사진을 마주하다 보면 참으로 깊은 슬픔이 밀려오는 것을 느껴.

게다가 난징은 일본군이 대학살을 저질렀던 곳이기도 하지. 리지샹 위안소 유적 진열관 외에도 난징 대학살 기념관이 있으니까, 난징에 가게 되면 꼭 들르도록 해.

그리고 대만에는 '아마의 집'이 있어. '아마'는 대만어로 '할머니'라는 뜻이야. 일본군 '위안부'로 고통을 겪었던 59명의 할머니들에 대한 이야기와 투쟁을 기록하고 전시하고 있지. 아마의 집은 '평화와 여성 인권관'이라고도 불러.

놀랍게도 일본 도쿄에도 '여성들의 전쟁과 평화 자료관'이 있어. 일본인 여성들도 예외는 아니었던가 봐.

이 박물관은 2005년에 처음 문을 열었는데, 전쟁 중 일본군의 성폭력 자료와 일본군 '위안부'를 재판했던 여성 국제 전범 법정 등에 대한 전시를 볼 수 있어.

대만 아마의 집　　　　　일본 여성들의 전쟁과 평화 자료관

학교에서는 언제 배워?

초등학교 《사회》 5학년 2학기 2단원 〈사회의 새로운 변화와 오늘날의 우리〉에서 일제의 침략과 광복을 위한 노력에 관해서 배워. 일제 강점기 시대 일본에 의한 징용, 징병 등 강제 동원된 사람들에 대한 이야기를 다루지. 그때 일본군 '위안부'에 관해서도 배우게 돼.

그건 왜 그래?

1. 전쟁과 여성 인권 박물관은 어떤 사람들을 기억하기 위한 공간일까?

2. 우리나라에서 최초로 일본군 '위안부'임을 밝힌 할머니는?

3. 일본군 '위안부' 문제를 기억하고 기념하는 공간을 모두 찾아보자.
   (뒤쪽 '도장 깨기 TIP, TIP, TIP'에 힌트가 있어.)

   ① 나눔의 집   ② 희움 일본군 '위안부' 역사관   ③ 민족과 여성 역사관

정답) 1. 일본군 '위안부', 강제동원. 2. 김학순 할머니. 3. ①, ②, ③

활동하기 — 가족과 함께 일본군 '위안부' 관련 영화 보고 편지 쓰기

아래는 일본군 '위안부'를 다룬 영화들이야. 포스터를 보니 내용이 무척 궁금하지? 이 중 한 편을 가족과 함께 보고 나서 일본군 '위안부' 할머니에게 편지를 써 보는 거 어때? 참, 이 영화들은 모두 12세 이상 관람가니까 아직 어린 친구라면 부모님과 함께 보도록 해.

도장깨기 TIP TIP TIP

2 경기도 광주시 퇴촌에는 일본군 '위안부' 관련 세계 최초의 박물관이 있어. '나눔의 집'이라고도 불러. 지금도 몇몇 할머니들이 모여 살고 있어. 할머니들이 건강하게 오래 사셔야 할 텐데……. 그치? "오래오래 건강하세요~."

1 앞에서 살펴본 전쟁과 여성 인권 박물관 외에도 일본군 '위안부'나 여성의 인권을 존중하고 보호하는 일에 대해 함께 생각해 보고 고민해 볼 만한 공간들이 여러 군데 있어. 시간 날 때 한번 둘러봐.

3 '희움'은 '희망을 꽃피움'이라는 뜻으로, 2015년에 대구에서 개관하여 평화와 여성 인권이 존중되는 사회를 만들기 위해 노력하는 '실천하는 역사관'을 내세우고 있지. 역사관 뒤뜰에는 일본군 '위안부' 피해자 할머니들의 나이와 비슷한 라일락나무가 있어. 괜히 가슴이 뭉클해지지 않아?

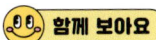 함께 보아요

양화진 외국인 선교사 묘원

조선 말에 개항을 한 뒤, 수많은 외국 사람들이 조선을 찾았지. 그들 중 일부는 조선 침략의 선두에 섰지만, 선교사들은 의학과 근대 교육이라는 복음을 전파하는 데 힘썼어. 양화진 외국인 선교사 묘원은 그들을 기리기 위해 조성되었고, 헐버트, 아펜젤러, 언더우드, 베델 등 여러 명이 잠들어 있어.

 함께 보아요

천주교 절두산 순교 성지

1866년 병인년에 흥선 대원군은 천주교도를 무자비하게 탄압하며, 절도산에서 프랑스 신부들과 천주교 신자들을 처형했어. 이걸 병인박해라고 해. 백 년이 지난 1966년, 병인박해 100주년을 기념해 기념관 등 여러 가지 시설을 세웠어. 지금은 천주교의 순교 성지로 많은 천주교 신자들이 찾는 곳이야.

전쟁과 여성 인권 박물관

- 주소 : 서울특별시 마포구 월드컵북로 11길 20
- 홈페이지 : https://womenandwarmuseum.net
- 관람 시간 : 10:00~18:00(입장 마감 17:00)
- 입장료 : 대인 5,000원, 소인 3,000원(단체는 10명 이상 이용 시 1,000원씩 할인)
- 휴관일 : 매주 일~월요일·1월 1일·설날·추석·부처님 오신 날·성탄절
- 대중교통 : 서울 지하철 2호선, 공항철도, 경의중앙선 홍대입구역 2번 출구 → 마포 06 마을버스 → 경성고교 입구 하차
  혹은 서울 지하철 경의중앙선 신촌역 8번 출구 → 마포 08 마을버스 → 경성중고 사거리 하차

우리 함께 가요!

이번에 둘러볼 곳은 전쟁 기념관이야. '전쟁'이라고 하니까, 뭔가 섬뜩한 기분이 드니? 이쯤 되면 알 것 같지 않아? 인류의 역사에서 전쟁은 늘 존재해 왔다는 거……. 전쟁이 얼마나 끔찍한 것인지는 기억하고, 다시는 그런 일이 일어나지 않도록 다 같이 노력해야 평화를 지킬 수 있어. 그럼 이제 전쟁 기념관을 둘러보러 가 보자. 다 같이 출발~~!!

전쟁 기념관

일곱 번째 동장

전쟁 기념관 외부

 전쟁 기념관은 1994년에 문을 열었어. 시기별 각종 무기와 민족 기록화 등이 전시되어 있지. 여기는 박물관이기도 하지만, 나라를 위해 헌신한 호국 선열을 추모하는 공간이기도 해.

 야외 전시장에는 6·25 전쟁 때 사용했던 장비와 세계 각국의 항공기, 미사일, 장갑차 등 대형 무기 칠십여 점이 전시되어 있어. 장갑차는 직접 안으로 들어가 체험해 볼 수도 있으니까, 호기심이 많은 친구들은 한번 시승해 봐.

평화로운 세상을 꿈꾸며

 2002년에 서해 연평도 부근에서 해전이 벌어졌다는 얘기 들어 봤니? 북한군의 도발로 우리 군인들이 여러 명 전사하거나 다쳤잖아. 그때 북한군을 물리치는 데 앞장선 '참수리 357정'도 같은 크기로 똑같이 만들어 전시하고 있어.

　우리나라는 전 세계에서 유일한 휴전 국가잖아. 전쟁을 쉬고 있다는 뜻이지. 6·25 전쟁처럼 꽤 오래전에 일어난 전쟁도 있지만, 오래지 않은 시기에도 전투가 있었다는 사실을 기억하도록 하자. 가끔씩 북한에서 미사일을 쏘았다는 기사를 접할 때마다, 평화로운 우리의 일상이 얼마나 소중하고 고마운 것인지 새삼 깨닫게 되지.

　전쟁 기념관 정문을 지나면, '형제의 상' 등 6·25 전쟁을 상징하는 조형물들이 나타나. 그걸 지나면 평화의 광장에 다다르게 되지. 평화의 광장에는 6·25 전쟁에 참전한 유엔군과 여러 국가의 국기가 게양되어 있어. 아는 나라 국기가 얼마나 되는지 친구랑 내기를 해도 재미있겠다. 그치?

　평화의 광장 양쪽 회랑에는 6·25 전쟁과 베트남 전쟁 등 전쟁에서 전사한 분들의 이름이 새겨져 있어. 추모를 위한 공간이니까 떠들지 말고 조용히 관람하는 게 좋겠지?

　야외에 무기가 많이 전시되어 있으니까, 전쟁에 관심이 많은 친구는 기

넘사진을 찍어도 좋을 듯해. 야외 전시장 너머에는 어린이 박물관도 있으니까 꼭 살펴보고. 이제 안으로 들어가 볼까?

전쟁 역사실은 처음이지?

이 공간은 선사 시대부터 삼국 시대, 남북국 시대, 고려 시대, 조선 시대, 개항기, 일제 강점기까지 시대별 무기와 관련 유물을 전시하고 있어. 각 시대별 역사가 어떻게 전개되는지 이해할 수 있지.

이외에도 고구려의 을지문덕 장군이 수나라의 대군을 물리친 살수 대첩이나 거란군의 침입을 물리친 강감찬 장군의 귀주 대첩, 일본군의 침략에 맞서 진주성을 지킨 김시민 장군의 진주 대첩 등 여러 전쟁의 민족 기록화도 볼 수 있어.

서양식 군대로 양성된 대한 제국 군인들의 군복을 만날 수도 있고, 나라

신기전과 거북선 모형

를 빼앗긴 뒤에 국외에서 일제에 맞서 싸웠던 청산리 전투 보고서와 한국 광복군 총사령관이었던 지청천 장군의 일기 같은 기록도 만날 수 있지.

청산리 전투는 청산리 대첩이라고도 해. 김좌진 장군이 이끄는 북로 군정서와 홍범도 장군이 이끄는 대한 독립군이 일본군을 크게 물리친 전투였지. 한국 광복군은 대한민국 임시 정부의 정식 군대인데, 그 당시 지청천 장군이 총사령관을 맡았어.

이걸 보고 있노라니, 빼앗긴 주권을 되찾기 위해 얼마나 많은 이들이 힘써 왔는지 새삼 알 것 같아. 여기까지 보고 나니까, 마치 '전쟁으로 보는 한국사' 같지 뭐야.

6·25 전쟁실은 모두 세 개의 공간으로 나뉘어 있어. 6·25 전쟁에 대해서는 많이 들어 봤지? 1950년 6월 25일, 일요일 새벽 4시에 북한군이

전쟁터에서 전사한 이들의 이름이 새겨져 있어.

전사자 명단을 전시한 공간

선전 포고도 없이 대한민국을 기습적으로 쳐들어와서 일으킨 전쟁이야.

북한은 소련으로부터 전차와 전투기를 지원받아 막강한 전투력을 과시했고, 불시에 공격을 받은 우리 군은 계속계속 밀릴 수밖에 없었지.

유엔(UN, 국제 연합)은 북한군의 남침을 침략 행위라고 판단하고 급히 우리나라로 군대를 파견했어. 유엔군의 도움으로 국군은 인천에 상륙하여 서울을 어렵게 되찾았지. 이어 국군의 주도로 삼팔선(38도선)을 넘자 유엔군도 뒤따라 북진을 했고.

그러나 북한군에 중국군이 합세하면서 전세는 다시 밀리기 시작했어. 결국 서울을 다시 빼앗기고 말았지 뭐야. 그로부터 얼마 후 서울을 되찾기는 했지만, 전쟁은 무려 이 년을 더 끌다가 1953년에 정전 협정을 맺으면서 일단 멈추게 되었어.

도움을 받던 나라에서 도움을 주는 나라로

6·25 전쟁에서 우리가 절대로 잊지 말아야 할 게 있어. 유엔군을 비롯해 우리나라를 도우러 와 준 여러 나라들의 병사들……. 그들의 도움이

3층 역사관의 전시 모습

없었다면 지금 우리나라는 어떻게 되었을지 몰라.

   우리 정부는 그들을 기리기 위해 많은 노력을 하고 있어. 두어 해 전에 코로나19 팬데믹 때 정부는 해외에 살고 있는 6·25 전쟁 참전 용사들에게 마스크와 방역 용품을 보내기도 했지.

   지금은 우리나라도 선진국 대열에 합류하기 시작했고, 세계 평화를 지키기 위해 함께 노력하고 있어. 유엔 평화 유지군으로서, 다양한 나라의 분쟁을 해결하기 위해 해외로 우리 군대를 파견하기도 하거든.

● 전쟁 기념관 아카이브와 어린이 박물관

전쟁 기념관 아카이브에서는 각종 사진과 필름, 영상과 음원, 유물, 인물, 구술 자료 등 다양한 자료를 온라인으로 만날 수 있어. 또 전쟁 기념관 내에 있는 전시물도 물론 살펴볼 수 있지. 각종 자료집을 파일 형태로 다운로드받을 수도 있어.

어린이 박물관은 홈페이지를 따로 운영하고 있어. 여러 활동지와 영상 자료가 올라와 있으니까 얼마든지 활용해도 좋아. 디지털 전쟁 역사관에서는 전쟁 역사 보기와 전쟁 역사 체험하기 등 다양한 온라인 활동을 할 수 있어.

전쟁 기념관 어린이 박물관 홈페이지

어린이 박물관에는 우리 역사 전체에서 전쟁의 역사만을 어린이의 눈높이에 맞게 전시한 공간이야. 2014년에 만들어졌으니까 이제 십 년쯤 되었지. 역사 속 전쟁이라는 교훈을 통해 나라를 사랑하는 마음을 배울 수 있는 공간으로 꾸며져 있어.

학교에서는 언제 배워?

초등학교 《사회》 5학년 2학기 2단원 〈사회의 새로운 변화와 오늘날의 우리〉에서 대한민국 정부의 수립과 6·25 전쟁에 대해 자세히 배워. 1945년 8월 15일 광복으로 주권을 다시 찾은 우리 민족이 국가를 건설하기 위해 고민한 과정은 물론, 냉전 체제 속에서 6·25 전쟁이 벌어져 남북이 대립하는 모습을 알 수 있지. 남북이 서로 화해하고 함께 공존하려면 어떻게 해야 할지 한 번쯤 생각해 보는 것도 좋을 듯해.

그건 왜 그래?

1. 전쟁 기념관에서 가장 많이 다루고 있는 전쟁은?

2. 전쟁 역사실에서 만나 볼 수 있는 전쟁이 아닌 것은?
   ① 살수 대첩   ② 귀신 대첩   ③ 진주 대첩

3. 국제 평화를 위해 파견된 대한민국 군대를 무엇이라고 부를까?

정답 1. 6·25전쟁 2. ② 3. 유엔 평화 유지군

활동하기: 6·25 전쟁을 경험한 어른 인터뷰하기

1. 전쟁 기념관을 모두 둘러본 소감이 어때? 더 이상 전쟁이 일어나지 않는 평화로운 세상을 위해 우리가 할 수 있는 일은 어떤 것들이 있을까? 혹시 가족이나 친지, 이웃 중에 6·25 전쟁을 겪은 분들이 있다면 직접 인터뷰를 해 보고 기록하는 시간을 가져 보자.

인터뷰 날짜	20 . . .	
인터뷰 대상	이름	
	나이	
	성별	

....

....

....

....

....

....

2. 인터뷰한 분과 인증 샷을 남기거나 6·25 전쟁과 관련된 물품이 있으면 사진을 찍어 보자.

도장 깨기 TIP TIP TIP

1 전쟁 기념관에는 볼거리가 참 많아. 야외에 청동 검의 모습으로 형상화한 6·25 전쟁 조형물이 있어. 비파형 동검을 모델로 해서 만들었다고 해. 조형물 아래에는 6·25 전쟁 당시의 군인 및 국민 각 계각층을 상징하는 38명의 호국 군상이 설치되어 있지.

2 우리 민족의 통일과 평화에 대한 염원을 담은 '평화의 시계탑'이야. 시계는 6·25 전쟁 때 북한군이 남침해 온 새벽 4시에 맞춰져 있어. 하루 속히 평화 통일이 되어 시곗바늘이 다시 돌아가면 좋겠다. 그치? 아무리 생각해도 참 아프고 슬픈 역사야.

3 형제가 각각 국군과 북한군으로 나뉘어 싸우다가 원주에서 만난 순간을 재현한 '형제의 상' 조형물이야. 오랜 역사 속에서 우리는 항상 하나였다는 사실은 기억했으면 좋겠어. 너무나 슬픈 장면이지?

 함께 보아요

국립 현충원

서울 동작구에 있는 현충원은 조국을 위해 헌신하다 세상을 떠난 이들이 잠들어 있는 곳이야. 1955년에 만들어졌어. 육군 국립묘지에서 시작하여 국립묘지, 현충원으로 명칭이 바뀌었다가 오늘에 이르고 있어. 이승만, 박정희, 김영삼, 김대중 등 역대 대통령, 독립 유공자, 국가 유공자들의 영령이 모셔져 있지. 단순히 추모의 공간을 넘어 우리 모두가 사랑과 애정을 가지고 지켜 나가야 할 역사적 장소랄까?

ⓒ대한민국 역사 박물관

 함께 보아요

아모레퍼시픽 미술관

서울시 용산구 한강대로에 있는 아모레퍼시픽 본사 건물 1층과 지하 1층에 있어. 고려 시대를 대표하는 〈수월관음도〉 등 장신구, 도자기, 회화, 조각 등 고미술품을 소장 및 전시하고 있지. 고미술과 현대 미술을 동시에 만날 수 있는 공간이야. '일상 속의 아름다움을 발견하는 열린 공간'을 지향하고, 대중과 소통하기 위해 지었대. 이 박물관의 대표적인 유물은 〈수월관음도〉인데, 꼭 보고 오면 좋겠어.

전쟁 기념관

- 주소 : 서울특별시 용산구 이태원로 29
- 홈페이지 : https://www.warmemo.or.kr
- 관람 시간 : 09:30~18:00(입장 마감 17:00)
- 입장료 : 무료
- 휴관일 : 매주 월요일·1월 1일·설날·추석
  (월요일이 포함된 연휴에는 연휴 다음 날 휴관)
- 대중교통 : 서울 지하철 4·6호선 삼각지역에서 하차
- 주차 가능

혹시 4·19 혁명에 대해 들어 봤니? 1960년 4월에 학생을 비롯한 시민들이 이승만 자유당 정부의 독재와 부정부패, 부정 선거에 항의하여 벌인 민주 항쟁이야. 그때 희생된 분들을 위한 국립묘지가 서울 강북구 수유동에 있어. 이번에는 거기로 가 볼까? 국립묘지는 국가의 유공자들을 안장하고 추모하는 곳을 일컫는데, 대표적으로 현충원, 5·18 민주 묘지, 호국원 등이 있지. 자, 국립 4·19 민주 묘지로 출발~~!!

국립 4·19 민주 묘지

4·19 혁명은 1960년 2월 28일 대구 민주 운동을 시작으로, 이승만 대통령이 하야한 1960년 4월 26일까지 전국 각지에서 벌어진 시위를 말해. 이승만 정권의 독재와 학원 통제, 3·15 부정 선거에 반발하는 학생들의 시위에서 시작되었다가 시민들이 합세하면서 대규모 시위로 확대되었지. 끝내 이승만 정권을 무너뜨렸어.

이승만, 대통령 자리에서 물러나다

이승만

이승만이 누구냐고? 이승만은 대한민국 제1, 2, 3대 대통령을 지낸 사람이야. 1875년(고종 12)에 태어나 1965년에 세상을 떠났지.

일제 강점기에 잠시 대한민국 임시 정부 대통령직을 맡은 것을 빼면, 주로 미국에 지내면서 유학 생활과 정치 활동을 했어.

우리나라가 광복된 뒤 귀국하여 제헌 국회(우리나라의 첫 번째 국회로, 첫 헌법을 만들었어.)의 투표를 통해 제1대 대통령으로 선출되었지. 그다음에 2대와 3대 대통령까지 지냈고. 네 번째 도전에서도 당선되었는데, 4·19 혁명이 일어나는 바람에 대통령 자리에서 내려와 하와이로 망명했어.

4·19 혁명은 어쩌다 일어나게 된 거야?

앞에서도 말했다시피, 직접적인 원인으로는 1960년 3월 15일에 치러진 대통령 선거를 꼽을 수 있어. 그 당시 이승만 정부는 유령 투표, 폭력적인 선거 운동, 투표함 바꿔치기 등 장기 집권을 하기 위해 온갖 부정한 일들을 다 저질렀거든.

그때 마산에서도 선거 부정을 규탄하는 시위가 크게 일어났는데, 경찰은 그저 무자비하게 진압하는 데만 급급했어. 그 과정에서 많은 사람이 다치고, 심지어 목숨을 잃은 사람도 있었지.

4월 11일, 마산 앞바다에서 김주열이라는 고등학생의 시신이 발견되었는데……. 세상에! 눈에 최루탄이 박혀 있었다지 뭐야. 그 모습을 본 국민들은 큰 충격을 받았어.

국민들의 분노는 더욱더 커져 갔고, 4월 19일에는 전국 곳곳에서 수많은 학생과 시민들이 거리로 나와 민주주의를 외쳤지. 특히 서울에서

4·19 혁명

4·19 혁명 기념관 내부

열린 시위의 규모가 어마어마했는데, 경찰은 시위대를 향해서 총을 쏘기까지 했다나 봐. 이 과정에서 또 수많은 학생과 시민들이 희생되었다고 해.

그래도 국민들은 굴복하지 않은 채 계속해서 민주주의를 요구했어. 이러한 희생과 외침이 마침내 정부를 흔들어 이승만을 대통령 자리에서 내려오게 한 거야. 대한민국 최초로 국민들이 똘똘 뭉쳐 독재를 물리친 순간이라고나 할까?

이 사건은 우리나라 민주주의 발전에 큰 영향을 미쳤어. 국민들이 모이면 그 힘이 얼마나 대단한지를 보여 주는 계기가 되었으니까.

우리 헌법에는 이런 문구가 있어.

> 유구한 역사와 전통에 빛나는 우리 대한 국민은 3·1 운동으로 건립된 대한민국 임시 정부의 법통과 불의에 항거한 4·19 민주 이념을 계승하고…….

3·1 운동과 4·19 민주 이념이란 말이 보이지? 그만큼 이 두 가지는 우리가 꼭 기억해야 할 중요한 역사란 얘기지.

4·19 혁명에 참가한 초등학생들

4·19 최초 발포 현장 동판(서울 종로구 청와대 분수 대광장)

민주주의를 위해 헌신한 이들을 기리다

4·19 혁명으로 이승만 대통령이 물러나고, 그 이듬해인 1961년에 공원 묘지를 조성하고 기념탑을 세웠어. 처음에는 약 3천 평(1평은 3.3제곱미터 정도로, 약 3천 평은 대략 1만 제곱미터야.)이었는데, 1990년대에 김영삼 정부에서 4만 평 정도로 넓혀 지금의 모습이 된 거야. 그럼 이제 4·19 민주 묘지를 살펴볼까?

정문으로 들어가면 오른쪽에 주차장이 나와. 주차장을 지나면 4·19 혁명 기념관이 있고. 4·19 혁명 기념관에는 4·19 혁명의 역사적 배경과 전개 과정이 전시되어 있지. 기념관으로 가기 전에 '정의의 불꽃'이라는 조형물이 있고, 참배 대기 광장을 건너가면 상징문이 보여.

상징문 쪽으로 걸어가면서 4·19 혁명이 지금의 우리에게 어떤 의미를

가지고 있는지 가족이나 친구들과 이야기 나눠 보는 거 어때?

상징문은 국립 4·19 민주 묘지 어디에서도 잘 보여. 정말이지 거대한 문처럼 생겼거든. 상징문을 지나 참배로를 따라 걸으면 기념탑이랑 분향소가 있어. 분향소 너머에는 총 554기의 묘지가 있고. 여기에 4·19 혁명 당시 희생된 이들과 건국 포장을 받은 4·19 혁명 유공자들이 잠들어 있지.

꼭 기억할게, 4·19 혁명의 정신

묘지 뒤쪽으로 유영 봉안소라는 건물이 보일 거야. 그나저나 여기가

상징문과 기념탑   정의의 불꽃

어떤 곳인지 궁금하지 않니?

유영 봉안소에서 '유영(遺影)'은 돌아가신 분의 초상이나 사진을 뜻해. '봉안소(奉安所)'는 유골이나 영정, 위패 같은 걸 모셔 두는 장소를 의미하고. 말 그대로 희생자들의 영정 사진이 모셔져 있는 곳이지.

여기서도 묵념을 해 볼까? 차분한 마음으로 한 분 한 분 얼굴을 떠올려 보자.

그 밖에도 4·19 민주 묘지에는 다양한 조형물이 있어. '정의의 불꽃' 조각상도 만날 수 있고, 시위에 참여한 이들과 경찰이 맞서는 장면을 묘사한 '자유의 투사' 조형물도 만날 수 있지. 정의로운 일에 모든 것을 다 바친 이들을 기억하기 위한 공간이 바로 4·19 민주 묘지니까.

곳곳에 전시되어 있는 4·19 혁명을 추모하기 위한 조형물과 시 등도 찬찬히 살펴봐! 참, 4·19 혁명 기념관도 잊지 말고. 아까 '정의의 불꽃' 조각상 뒤편에 있었지?

일단 기념관 입구로 들어서면 4·19 혁명에서 희생당한 사람들의 사진

분향소 뒤편에 있는 묘역

들이 방문객을 맞이해. 그리고 3·15 부정 선거에 저항하는 학생과 시민들의 모습도 시간순으로 살펴볼 수 있어.

찬찬히 둘러보다 보면, 자신의 목숨을 기꺼이 내어놓고 민주주의를 지킨 이들의 숭고한 숨결이 느껴질 거야. 진짜냐고? 직접 해 봐!

학교에서는 언제 배워?

초등학교 《사회》 5학년 2학기 2단원 〈사회의 새로운 변화와 오늘날의 우리〉와 6학년 1학기 1단원 〈우리나라의 정치 발전〉에서 광복 후 새로운 국가를 수립하는 과정과 이승만 정부의 장기 독재에 맞선 학생과 시민들이 함께한 4·19 혁명을 만날 수 있어. 4·19 혁명은 중고등학교 역사 시간에도 자주 나오는 중요한 사건이니까 꼭 기억해.

 그건 왜 그래?

1. 1960년 3월 15일에 일어난 것으로, 4·19 혁명의 계기가 된 사건은?

2. 국립 4·19 민주 묘지는 어떤 사건의 희생자를 기리기 위한 공간일까?

3. 국립 4·19 민주 묘지에서 희생자들의 영정 사진이 모셔져 있는 곳은?

정답 1. 3·15 부정선거 2. 4·19 혁명 3. 유영 봉안소

활동하기: 김주열의 묘지 찾아보기

국립 4·19 민주 묘지에는 마산에서 희생된 김주열의 묘지(가묘)가 있어. 1944년 전북 남원에서 태어난 김주열은 1960년 마산상업고등학교 입학시험에 응시한 뒤, 3월 15일, 시위에 참여했다가 목숨을 잃었어. 그다음 날 마산상업고등학교에 장학생으로 입학할 예정이었다지? 참으로 안타까운 사건이야. 4·19 민주 묘지 안에서 김주열의 묘지를 찾아보고 앞면과 뒷면의 사진을 찍어 보도록 할까?

마산상고 김주열 학생의 묘지

도장깨기 TIP TIP TIP

1 북한산 둘레길 2코스인 순례길을 따라 걷다 보면 4·19 민주 묘지 전역이 한눈에 들어오는 공간을 만날 수 있지. 산행하기에 어려운 곳이 아니니까, 주말에 부모님과 함께 걸어 보면 좋을 것 같아.

2 순례길 끝자락에는 이준 열사 묘역이 있어. 혹시 대한 제국 시절 을사늑약 체결 후, 고종이 네덜란드 헤이그에 특사를 보낸 거 알고 있니? 그때 특사로 간 사람들 중 한 분이 이준 열사야. 이준 열사는 임무에 실패하자 울분을 이기지 못하고 헤이그에서 돌아가셨지. 광복 후 유해를 우리나라로 모셔 와 이곳에 안장했어.

3 1910년 8월 29일, 일본에 국권을 빼앗긴 뒤, 이회영의 여섯 형제는 전 재산을 처분하고 서간도로 건너갔어. 그곳에서 신흥무관학교를 세우는 등 독립운동을 전개했지. 광복 후 살아 돌아온 사람은 다섯째 이시영뿐이었다고 해. 이시영은 대한민국 임시 정부에서 활약하다가 우리나라 첫 번째 부통령으로 선출되었어.

😊 함께 보아요

근현대사 기념관

국립 4·19 민주 묘지에서 걸어서 십 분 정도 거리에 있어. 2016년에 문을 열었지. 개항기에서 일제 강점기를 거쳐 현대사까지 우리나라 근현대사를 살펴볼 수 있는 공간이야.
상설 전시물 외에도 매년 특별전이 열리고 있어. 다양한 교육 행사도 열리니까 찬찬히 살펴보길 바라.

😊 함께 보아요

초대길

근현대사 기념관 뒤편으로는 초대길이 조성되어 있어. 초대(初代)는 '첫 번째 자리'를 지낸 사람을 뜻해. 대한민국의 초대 부통령 이시영 선생의 묘, 초대 대법원장 김병로 선생의 묘, 1세대 검사 이준 열사의 묘가 여기에 있지.
또 광복군 합동 묘역, 대한민국 첫 번째 국회의 국회 부의장이었던 신익희 선생의 묘도 있으니, 한번 둘러봐.

국립 4·19 민주 묘지

- 주소 : 서울특별시 강북구 4·19로 8길 17
- 홈페이지 : https://www.mpva.go.kr/419/index.do
- 관람 시간 : 3~10월 6:00~18:00, 11~2월 7:00~17:00
- 입장료 : 무료
- 휴관일 : 국립 4·19 민주 묘지는 연중 무휴
  4·19 혁명 기념관은 매주 월요일(공휴일인 경우 그다음 날)
- 대중교통 : 서울 지하철 우이신설선 4·19민주묘지역에서 하차
- 주차 : 오전 9시부터 폐문 시까지 100대 이용(2시간 무료)

자, 어쩌다 보니 박물관 시리즈 3탄! 박물관도 다 같은 박물관이 아니야. 식민지 역사 박물관과 전쟁과 여성 인권 박물관은 시민의 후원으로 운영되는 박물관이고, 대한민국 역사 박물관은 나라에서 운영하는 박물관이거든. 대한민국의 시작인 대한민국 임시 정부부터 정부 수립, 그리고 지금까지의 역사를 모두 살펴볼 수 있는 공간이야. 지금부터 그 대한민국 역사 박물관을 살펴보도록 할게.

아홉 번째 도장
대한민국 역사 박물관

대한민국 역사 박물관은 2012년에 문을 열어서 이제 십 년 정도 되었어. 이 박물관을 왜 세운 거냐고? 음, 산업화와 민주화를 동시에 이룬 대한민국의 자랑스러운 역사를 기록하고 전승하기 위해 지었다고 해.
　광화문과 주한 미국 대사관 사이에 있던 문화체육관광부 청사를 리모델링하여 만들었어. 박물관 외벽에는 거대한 미디어 아트가 펼쳐져, 광화문 광장에 모인 시민들에게 특별한 볼거리를 선사하지.
　다 알다시피 광화문에서 광화문 광장, 그리고 시청까지의 공간은 많은 시민들이 일상을 보내거나 휴식을 취하기 위해 찾는 곳이잖아. 참, 광화문 광장에 이순신 장군과 세종 대왕의 동상이 있는 건 봤지?
　대한민국 역사 박물관 건너편에는 경찰청이랑 세종 문화 회관 등 중요한 건물들이 있지. 한마디로 서울을 대표하는 공간이라고나 할까?

대한민국 역사 박물관의 외관

대한민국 근현대사의 흐름을 한눈에!

자, 이제 대한민국 역사 박물관으로 슬슬 들어가 볼까? 앞에서 보았던 박물관들과는 규모 자체가 완전 다르지? 게다가 동네 골목 어딘가가 아니라 서울 시내 한가운데에 떡 버티고 있으니까 뭔가 웅장한 느낌이 팍팍 들잖아.

일단 출입구로 들어서면 오른편에서 특별 전시를 볼 수 있고, 왼편으로 가면 어린이 박물관이 나와. 가운데에 있는 에스컬레이터를 타고 쭉 올라가면 3층으로 바로 갈 수 있지. 3층에서 오른편에는 기획 전시를 하는 공간이 있어. 왼편에는 주제관 1과 주제관 2, 기증관 등이 있고.

4층에는 체험관이 있고, 5층에는 역사관이 있어. 보통 3층에서 5층까지 관람한 뒤, 8층 옥상 정원으로 올라가서 광화문 일대의 풍경을 감상하지. 혹시 강의가 듣고 싶다면 6층으로 올라가면 돼.

참, 아까 5층에 역사관이 있다고 했지? 역사관에서는 하루 두 번, 문화 해설사의 설명을 예약해서 들을 수 있으니까 꼭 기억해 둬.

시기마다 다양한 주제의 특별전이 열려

일단 3층으로 슝슝~ 가 볼까? 3층은 여러 가지 주제로 특별전이 열리는 공간이야. '대한 독립 그날이 오면', '민(民)이 주(主)인 되다', '그들이 꿈꾸었던 나라', '녹슨 철망을 거두고', '전쟁 포로, 평화를 말하다', '제주 4·3 이젠 우리의 역사', '5월 그날이 다시 오면', '다시, 연결', '한미 동맹

'유엔군 참전의 날' 기념 특별전

'제주 4·3 이젠 우리의 역사' 특별전

70주년 동행', '유엔군 참전의 날', '안중근 展' 등 시기마다 다양한 전시가 열려 왔지.

두 주제관 사이에는 기증관이 있어. 말 그대로 시민들이 기증한 전시물을 전시하는 공간이야. 지금은 흔해 보여도 시간이 흐르면 기억 속에만 남아 있는 물건들 있잖아. 두고두고 추억하게 되는…….

말랑말랑 현대사 놀이터에서 추억 여행

4층으로 올라가면 '말랑말랑 현대사 놀이터'라는 이름의 체험관이 있어. 이곳에는 열여섯 가지의 다양한 체험 공간이 마련되어 있는데, 한때

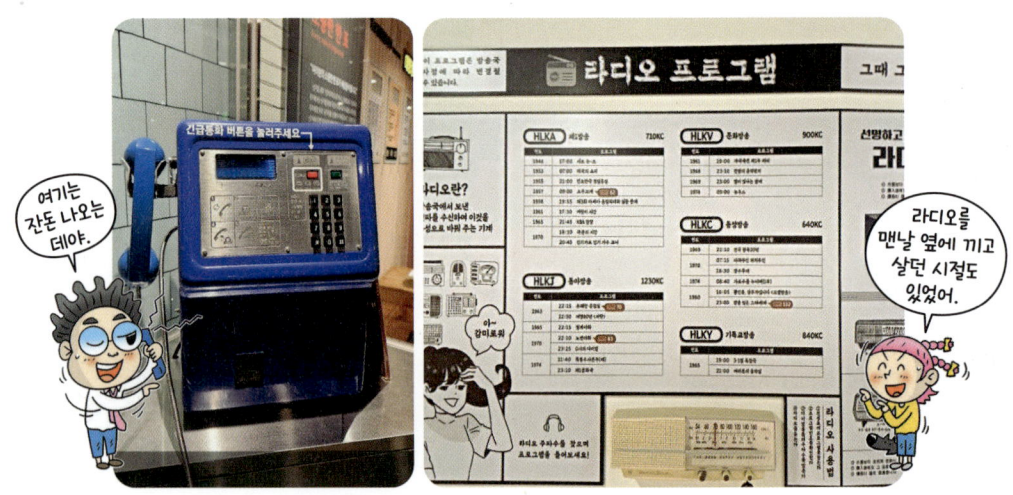

공중전화와 라디오 프로그램 편성표

유행했던 표어나 지금은 거의 없는 공중전화 같은 것들이 있어서 직접 체험해 볼 수 있지. 아주 오래전에 치렀던 대통령 선거에서 각 후보자의 공약도 들어 볼 수 있고. 정말 신기하지?

혹시 일기를 쓰는 친구가 있니? 훗날에 아주 중요한 자료가 될지도 몰라. 어떤 사람이 쓴 일기나 메모, 편지도 세월이 흐르면 역사의 한 장면으로 남을 수 있거든. 그런 것들도 전시하고 있어.

한때 유행했던 가요나 텔레비전 프로그램, 패션 등 아주 오래된 풍경도 모두 만나 볼 수 있으니까 꼭 한번 들러 봐. 엄마랑 아빠의 젊은 시절을 만날 수 있을 거야.

아마도 순간순간 발걸음을 멈추고서 지난 시절을 추억하며 향수에 푸욱~ 잠기실걸. 그럴 땐 사진 한 장 찰칵! 알지? 나중에 이것마저도 추억이 된다는 거!

나-대한민국-세계

5층에는 역사관이 있어. 1부 '자유, 평등, 독립을 꿈꾸며'라는 주제로 전시가 시작되지. 동학 농민 운동이 일어났던 1894년부터 일제에 나라를 빼앗겼다가 되찾는 과정을 전시하고 있어.

2부에서는 '평화, 민주, 번영을 향하여'라는 주제를 가지고 광복에서 6·25 전쟁, 경제 성장, 그리고 6월 민주 항쟁까지의 이야기를 엿볼 수 있어.

마지막 3부에서는 '나-대한민국-세계'라는 주제로 1987년부터 현재까지의 모습을 볼 수 있지. 냉전이 끝난 뒤 변화하는 세계 속에서 살았던 사람들의 이야기를 만나 보는 거야.

전시장 곳곳에 구술 아카이브가 있으니 다양한 사람들의 이야기를 직접 들어 봐. 디지털 아카이브도 있어서 '나의 독립 영웅, 상해판 《독립신문〉, 〈고바우 영감〉, 한눈에 보는 대한민국, 세계 속 한류' 등 다양한 콘텐츠를 만날 수 있어.

● 근현대사 아카이브와 움직이는 현대사

대한민국 역사 박물관은 직접 가서 보는 전시도 잘되어 있지만, 홈페이지에도 엄청난 자료가 구축되어 있어. 홈페이지 상단이나 하단에 보면 '근현대사 아카이브'라는 배너가 보일 거야. '자료 검색 바로 가기'를 눌러 보면 각종 자료를 살펴볼 수 있고, 디지털 자료와 소장품 등을 열어 볼 수 있지.

역사 공부를 하면서 궁금한 점이 있을 때, 여기 홈페이지를 이용한다면 아마도 크게 도움이 될 거야. 아, 물론 자료를 배포할 때는 조심해야 해. 개인적으로 다운로드를 할 수 있지만 출처 표시 조건에 따라 이용할 수 있으니까.

홈페이지 상단에 보면 '움직이는 현대사' 탭이 보일 거야. 여기로 이동하면 광복 이후의 중요한 역사적 장면과 생활 풍경 등 근현대사의 실제 영상을 만나 볼 수 있어. 윤봉길 의사의 상하이 의거나 일본군 '위안부'가 구출되는 모습도 볼 수 있지. 궁금하면 지금 바로 클릭해 봐!

학교에서는 언제 배워?

초등학교 《사회》 3학년 1학기 2단원 〈일상에서 만나는 과거〉에서 우리 주변에 남아 있는, 옛날 사람들이 사용하던 물건이나 건축물이 매우 중요한 역사 자료라는 사실을 배워. 6학년 1학기 1단원 〈우리나라의 정치 발전〉에서 현대의 정치와 경제 발전을 비롯해 4·19 혁명과 5·18 민주화 운동, 6월 민주 항쟁 등 민주주의를 향한 시민들의 발걸음에 관해서 공부해. 또 6·25 전쟁 후 모든 것이 파괴된 대한민국이 어떻게 기적처럼 경제 성장을 할 수 있는지도 알게 돼.

그건 왜 그래?

1. 대한민국 역사 박물관은 주한 미국 대사관과 어떤 건물 사이에 있을까? (힌트: 경복궁의 남문)

2. 대한민국 역사 박물관의 역사관에서는 몇 년을 기준으로 전시가 시작되고 있을까?
   ① 1500년 ② 1894년 ③ 2025년

3. 다음 중 우리나라 수도 서울의 역사를 간직한 박물관의 이름은?
   ① 서울 역사 박물관 ② 개성 역사 박물관 ③ 파주 역사 박물관

활동 하기 — **유적지에서 인증 샷 찍기**

대한민국 역사 박물관에서 가장 높은 층인 8층에 가면 옥상 정원이 있는데, 경복궁과 청와대를 함께 아우르는 경치를 볼 수 있어. 정말로 장관이야. 놓치면 안 되는 풍경이지. 계절마다 다른 풍경을 빚어내는 경복궁과 청와대, 그리고 인왕산의 모습을 보는 것도 좋고. 눈 오는 날, 온통 새하얀 풍경도 너무나 멋진 곳이야. 이런 곳에서는 인증 샷이 기본이겠지? 가족이나 친구들과 경복궁을 배경으로 인증 샷을 찍어 보는 거 어때?

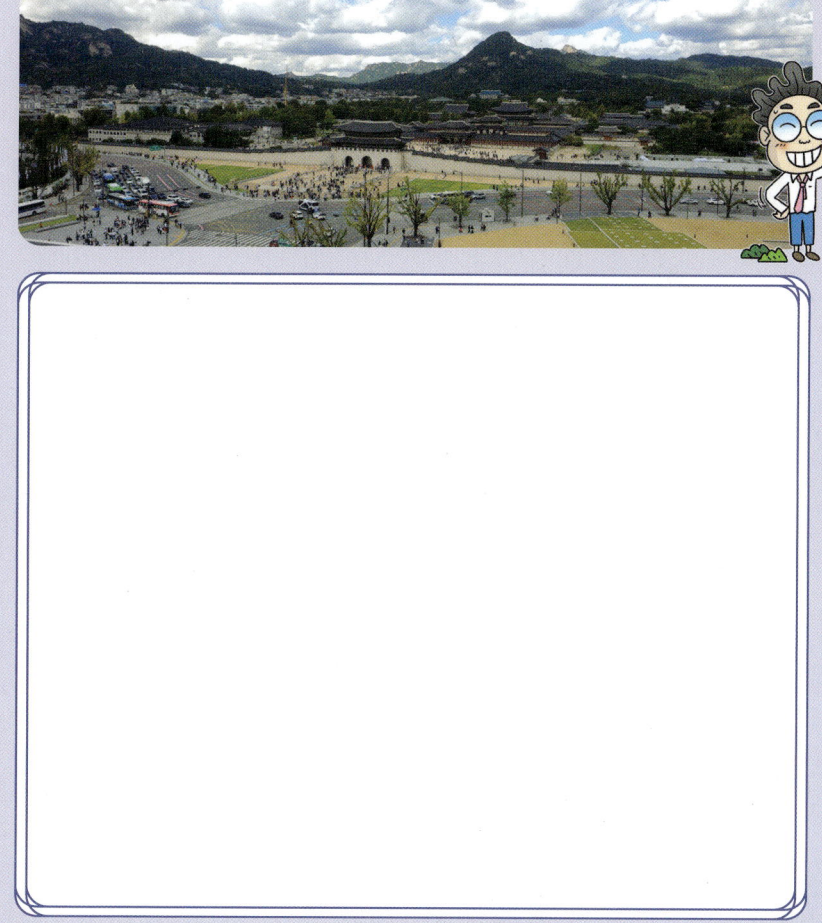

도장 깨기 TIP TIP TIP

1 광화문 근처에는 볼거리가 참 많아. 세종대로 사거리에 '고종 즉위 40년 칭경 기념비'가 있어. 고종의 즉위 40주년을 기념하여 세운 거야. 대한 제국으로 국호를 바꾼 것과 황제라는 칭호를 쓰게 된 것을 기념하기 위해 이 비를 세운 거라지. 시간 있을 때 한번 가 봐.

2 광화문 광장에 늠름하게 서 있는 이순신 장군 동상을 봤지? 이 동상은 1968년에 건립되었어. 동상 하단의 기단부에는 거북선과 북이 조각되어 있는데, 그 높이가 무려 17미터에 이른다나? 이순신 장군 동상만 높이가 약 6.5미터라니까 진짜 어마어마하지?

3 세종 대왕 동상은 2009년에 세워졌는데, 이순신 장군의 동상에서 250미터 정도 떨어져 있어. 높이는 약 6.2미터라고 해. 경복궁에서 즉위하고 승하한 최초의 왕이라는 사실 때문에 경복궁의 남문인 광화문 앞에 동상을 세운 거라지. 세종 대왕 동상은 여의도 공원에도 있으니까 시간 날 때 한번 들러 봐. 둘을 비교해 보는 것도 재미있을 것 같지 않니?

😊 함께 보아요
서울 역사 박물관

대한민국 역사 박물관에서 십 분쯤 걸어가면 '서울 역사 박물관'이 있어. 2002년에 문을 열었는데, 대한민국의 수도 서울의 역사와 서울 사람들의 생활, 서울의 변화를 보여 주는 각종 전시를 살펴볼 수 있지. 서울 역사 박물관에는 총 13개의 분관이 있어. 그중에서 경교장에는 꼭 들러 보길 추천해. 경교장은 광복 후 대한민국 임시 정부의 활동 공간이기도 하고, 김구 선생이 돌아가신 곳이기도 해.

😊 함께 보아요
백인제 가옥

가회동에는 백병원을 설립한 백인제가 살았던 백인제 가옥이 있어. 북촌 한옥을 대표하는 집이지. 영화 <암살>의 촬영지이기도 하고.
그 근처에 조선 최초로 천주교 예배를 보았던 곳에 세워진 가회동 성당도 있으니까 들러 봐. 한옥과 현대식 건물이 어우러져 있는 데다, 조선인 최초의 신부인 김대건 동상이 서 있기도 해. 참, 김대건 신부 동상은 바티칸 시국의 성 베드로 성당 외벽에도 세워져 있어.

대한민국 역사 박물관

- 주소 : 서울특별시 종로구 세종대로 198
- 홈페이지 : https://www.much.go.kr
- 관람 시간 : 10:00~18:00(입장 마감 17:30)
  수요일·토요일은 오후 9시까지 야간 개장
- 입장료 : 무료
- 휴관일 : 1월 1일·설날·추석
- 대중교통 : 서울 지하철 5호선 광화문역 하차

와! 여기까지 잘 따라와 준 친구들을 진짜진짜 칭찬해! 어느새 마지막 도장 깨기야. 이번 코스는 서울에 있는 대표적인 종교 유적지 여섯 곳을 둘러볼까 해. 단순히 종교와 관련된 건물이 아니라 모두 우리나라 역사와 깊게 관련되어 있어. 무슨 얘기가 펼쳐질지 궁금하지? 자, 다 같이 마지막 도장 깨기를 하러 달려가 보자~!

서울의 종교 유적지

열 번째 도장

서울에는 종교 유적지가 참 많아. 정동 제일 교회, 명동 성당, 천도교 중앙 대교당, 성공회 대성당, 조계사, 이슬람 중앙 성원 등등. 아마도 우리나라에 있는 주요 종교들의 대표적인 건물들을 다 살펴볼 수 있을걸.

정동 제일 교회는 서울에 세운 한국 최초의 교회야. 3·1 운동과 관련이 깊어. 명동 성당은 신자 김범우의 집터에 건립한 최초의 성당이고. 1780년대 조선에 '서학'이라는 학문으로 들어와 천주교라는 종교로 발전했지.

그다음으로 천도교 중앙 대교당은 천도교 신자들의 성금으로 1921년에 세워졌어. 일제 강점기 때 가장 큰 규모의 건물 중 하나였지. '동학'을 계승하여 1905년에 천도교로 개편한 거야.

성공회 성당은 정동 교회, 혹은 정동 성당이라고 불리기도 해. 처음에는 장림 성당이라는 한옥 건물에 있었지. 조계사는 1910년에 각황사로 세워졌다가, 1938년에 지금의 조계사 자리로 옮겨 갔어. 현재 조계종의 중심 사찰이라고 할 수 있지.

마지막으로 이슬람 중앙 성원은 1976년에 문을 연 한국 최초의 이슬람 성원이야. 사우디아라비아 등의 지원으로 건립되었지.

개신교 최초의 서양식 건물, 정동 제일 교회

1885년에 선교사 헨리 아펜젤러가 제물포항에 도착했어. 그는 조선 사람들을 선교하기 위해 아주 먼 곳에서 찾아와 한국 최초의 감리교 목사가 되었지. 이듬해에는 최초의 여성 선교사 메리 스크랜턴이 우리나라로 와서 여성 교육의 씨앗을 뿌렸는데, 훗날 이화학당으로 발전을 해. 지금도 정동 제일 교회와 이화여자고등학교는 아주 가까운 거리에 있지. 그러니까 우연이 아닌 거야.

그로부터 약 십 년 뒤인 1897년에 우리나라 첫 감리교인 정동 제일 교회에 벧엘 예배당이 세워져. 우리나라 개신교 사상 최초의 서양식 건물이지.

정동 제일 교회 정문으로 들어가 왼쪽으로 시선을 돌리면, 교회 설립자인 헨리 아펜젤러의 동상이 서 있어. 그 옆으로는 아펜젤러 이후에 정동 제일 교회를 맡았던 최병헌 목사의 동상이 있지.

다시 정면을 보면 벧엘 예배당이 보여. 교회 근처의 이화여자고등보통학교에 다니던 유관순이 삼 년간 이곳으로 예배를 보러 왔다고 해. 본

정동 제일 교회

당 1층으로 들어서면 아펜젤러 기념 박물관이 있어.

정동 제일 교회는 앞서 말한 대로 한국의 첫 서양식 예배당인 데다, 처음으로 파이프 오르간을 설치한 교회이기도 해. 그러니까 예배당 안으로 들어가서 파이프 오르간을 꼭 찾아봐.

교회에서 나오면 가장 가까이 보이는 건물이 바로 서울 시립 미술관이야. 서울 시립 미술관은 1928년에 건립된 건물로, 광복 후에는 대법원 청사로 사용되다가 1995년부터 미술관으로 쓰이고 있어.

정동 제일 교회에서 광화문역 방면으로 걷다 보면 왼편에 이화여자고등학교가 있어. 교문으로 들어서면 왼편에 심슨 기념관이 있지. 심슨 기념관은 이화 박물관 건물로 사용되고 있는데, 현재 이화여자고등학교 안에 남아 있는 가장 오래된 건물이라고 해.

여성 교육의 역사를 알고 싶다면 잠깐 들러 보는 것도 좋겠지? 학교인데 막 들어가도 괜찮냐고? 당연하지, 우리나라의 중요한 역사가 서려 있는 유적지잖아.

벧엘 예배당의 파이프 오르간

심슨 기념관

천주교를 대표하다, 명동 성당

조선인 최초로 베이징에서 천주교 세례를 받은 사람이 누구인지 알아? 바로 이승훈이야. 이승훈은 1784년에 조선으로 돌아왔어. 그러니까 지금으로부터 약 이백사십 년 전에 천주교가 조선 땅에 들어왔던 거야.

천주교는 조선 정부로부터 수많은 박해를 받으면서도 꿋꿋하게 신앙을 지켜 왔어. 최초의 세례자 이승훈을 시작으로 정약전·정약종·정약용 삼 형제까지, 천주교와 깊은 인연을 맺은 조선인들이 꽤 많았지.

강화도 조약 이후 수많은 서양 세력이 조선에 왔는데……. 아, 강화도 조약이 뭐냐고? 고종 13년(1875)에 일본 군함 운요호가 강화도를 불법으로 침입한 사건이 일어나. 그래서 두 나라 군대가 싸움을 벌이게 되는데, 일부러 이 사건을 일으켰던 일본이 배상과 수교를 요구하면서 강제로 불평등 조약을 맺게 돼. 이걸 강화도 조약(1876)이라고 불러.

명동 성당

　이 조약에 따라 조선은 부산 외에 인천, 원산의 두 항구를 개항하게 되었지. 조선은 점차 미국, 프랑스 등과도 수호 통상 조약을 맺게 되었어. 그 후로 천주교도에 대한 탄압도 공식적으로는 사라져 갔다는…….

　그 당시 조선에 와 있던 프랑스인 블랑 주교는 천주교 신자 김범우의 집터를 성당 터로 사들였어. 그리고 1898년에 종현 성당이라는 이름으로 고딕 양식의 성당을 지었지. 성당을 세운 장소가 종현동이었기에 붙여진 이름이고, 광복 후에는 명동 성당으로 이름을 바꾸었어. 정식 명칭은 천주교 서울 대교구 주교좌 명동 성당이야.

● 역사의 산 증인, 명동 성당

　역사가 오래된 만큼 명동 성당은 다양한 사건을 목격했어. 먼저, 대한 제국이 망하기 일 년 전인 1909년에 일어난 일을 얘기해 볼까? 을사오적에 관해서는 앞에서 들어 봤지? 을사년에 일본에 나라를 팔아먹은 다

섯 명 있잖아. 그중에서도 가장 중심이 되는 인물이 바로 이완용이야. 온 백성들의 미움을 살 수밖에.

1909년 12월의 어느 날, 명동 성당에서 미사를 보고 나오던 이완용을 이십 대 청년 이재명이 칼로 찔렀어. 하지만 이완용은 큰 수술 끝에 살아남았고, 이재명은 끝내 붙잡히고 말았지. 지금도 명동 성당 앞에는 이재명 의사 의거 터라는 표지석이 있어.

1910년 8월 29일, 대한 제국은 일본에 강제로 '병합'당했고, 이재명은

이재명 의사

이재명 의사 의거 터

열 번째 도장_서울의 종교 유적지

결국 9월 30일에 교수형으로 생을 마감했어.

또 하나의 사건은 1987년에 일어났지. 군사 쿠데타로 권력을 잡은 전두환은 1980년대 내내 군사 독재를 펼치며 민주주의를 유린했어. 1987년에 박종철이 경찰의 고문으로 사망했던 사건을 기억하지? 시민들은 6월 민주 항쟁을 펼치며 군사 독재 정권에 강하게 저항했어.

이때 시민들은 폭력적인 진압을 피해 여러 곳으로 몸을 숨겼는데, 그중 하나가 명동 성당이었지. 김수환 추기경을 비롯한 신부들과 수녀들은 경찰의 성당 진입을 막으며, 민주주의의 중요한 역사를 써 내려갔어.

6월 민주 항쟁 때 명동 성당 앞

동학에서 천도교로, 천도교 중앙 대교당

1860년에 최제우가 동학을 창시했어. 그 당시에는 천주교를 '서학'이라 불렀거든. 이와 대비되는 개념으로 '동학'이라고 이름을 지은 거야. 동학은 천주인 한울님을 모시는 것으로 출발해, 3대 교주 손병희 때에는

사람이 곧 하늘이라는 뜻의 '인내천' 사상을 전파하기 시작했어.

1894년에 일어난 동학 농민 운동은 반외세(외국 세력을 반대한다는 뜻)를 외치며 들고일어나 그 뜻을 세상에 보여 주었지만, 공주 우금치 전투에서 일본군에게 패배하면서 무너져 버렸지.

1905년에 뿔뿔이 흩어진 동학 교도들을 교주 손병희가 모으고는 '천도교'라고 이름을 바꾸었어. 그 후 천도교는 일제 강점기 시절에도 점점 세력이 커져서 신자 수를 기준으로 했을 때 제1의 종교로 자리를 잡았지.

1918년에 손병희는 중앙 교당을 새로 짓기로 결심했지만, 조선 총독부의 반대로 공사를 시작하지 못했어. 결국 천도교 측은 건물 크기를 반으로 줄이기로 하고 나서야 가까스로 허가를 받게 돼. 그리고 1921년에 중앙 대교당을 완공했지. 그러니까 지금 우리가 보고 있는 건물이 원래는 두 배 크기로 계획되었던 거야. 뭔가 아쉽…….

천도교 중앙 대교당은 앞서 살펴본 명동 성당, 그리고 1926년에 건립된 조선 총독부 청사와 함께 일제 강점기 3대 건축물로 꼽혀. 꼭 기억해 둬! 천도교는 일제 강점기 때 가장 큰 종교로, 신자 수가 백만 명이 넘었

천도교 중앙 대교당

(말풍선) 3·1 운동은 천도교가 가장 큰 중심 세력으로 이끌었지.

 어. 천도교와 천주교……. 이름이 참 비슷하지? 이 둘은 명백히 다른 종교니까 절대로 헷갈리면 안 돼. 알았지?

 3·1 운동 때는 〈독립 선언문〉을 인쇄하고 배부하던 곳이었어. 이후에도 6·10 만세 운동과 신간회에 참여하면서 독립운동의 중요한 역할을 도맡았지. 뭐, 리더 그룹에 속해 있던 최린 등이 친일파의 길을 걸었던 부끄러운 역사가 있기도 해. 일제 강점기 때는 개신교와 불교, 천주교 등 모든 종교에서 나타나던 현상이기는 하지만.

민주 항쟁의 중요 유적지, 성공회 대성당

성공회 대성당이라고 들어 보았니? 정식 명칭은 대한 성공회 서울 주교좌 성당이야. 16세기 유럽에서 종교 개혁이 일어난 후, 구교와 신교로 나뉘게 되었어. 여기서 구교는 가톨릭, 신교는 개신교야. 구교는 성당, 신교는 교회……. 이렇게 생각하면 구분하기 쉬우려나?

아무튼 성공회는 영국의 헨리 8세가 만든 종교야. 종교 개혁에 포함되기 때문에 신교로 분류하지만, 예배 형식은 구교에 가까운 종교라지. '가톨릭 전통을 유지하는 개신교'라는 표현을 쓰기도 해.

예를 들면 신부님이 예배를 주도하는 것은 구교에 가깝지만, 성공회 신부가 결혼을 한다는 측면에서는 신교에 가깝다고 볼 수 있지.

현재 성공회 대성당 이전에는 한옥 성당인 장림 성당이 있었다나. 지금 건물은 1922년에 건축을 시작했는데, 역시 민주주의 항쟁사의 중요한 부분을 장식하고 있어. 성당 뒤뜰에 가면 이를 기념한 표지석이 있으

십자가 모양의 성공회 대성당 전경　　　6월 민주 항쟁 진원지 표지석

니까 꼭 한번 살펴봐! 성공회 대성당은 명동 성당과 함께 6월 민주 항쟁의 중요한 유적지거든.

조계종의 중심 사찰, 조계사

조계사는 종로구 견지동에 위치한 대한 불교 조계종의 총본산이야. 총본산이 뭐냐고? 간단히 말해, 가장 중요하고 중심이 되는 곳이라는 뜻이야. 조계사는 1910년의 각황사로부터 시작해.

조선 시대 수도였던 한양의 4대문(흥인지문, 돈의문, 숭례문, 숙정문) 안에 처음으로 건립된 사찰이었지. 1937년에 지금의 자리로 옮겨 왔고, 이듬해에 본전인 대웅전을 만들었다고 해. 1954년에 불교 정화 운동으로 일제의 잔재를 몰아낸 후 조계사로 바뀌어 오늘에 이르고 있어.

매년 부처님 오시는 날 즈음하여 열리는 유네스코 인류 무형유산 연등회

조계사는 매년 부처님 오신 날이 다가오면 연등회를 개최해. 연등회는 유네스코에서 인류 무형유산으로 등재되어 있을 정도로 유명한 행사야. 해마다 동국대학교 대운동장에서 출발해 동대문을 거쳐 조계사 앞까지 긴 행렬이 이어지거든. 크고 작은 축제와 다양한 공연들이 함께 준비되니까 기억해 두었다가 꼭 한번 참여해 봐.

이슬람교 대표 유적지, 이슬람 중앙 성원

서울시 용산구 한남동에 있는 한국 최초의 이슬람 예배당이야. 1970년대 한국은 석유 위기를 경제가 흔들렸지만, 여러 기업이 중동(아프가니스탄, 이란, 사우디아라비아, 파키스탄 등 서아시아 일대를 이르는 말이야.)으로 진출해서 오일 머니를 벌어들인 덕분에 경제 위기를 이겨 내었지.

이슬람 중앙 성원

그러한 배경 속에서 1976년에 사우디아라비아 등 이슬람 국가들의 적극적인 지원으로 이슬람 중앙 성원이 지어졌어. 1977년에 강남 한복판의 거리에 이란의 수도 '테헤란'을 넣어 '테헤란로'라 이름 붙인 것도 다 같은 맥락에서 생겨난 일이야.

건물 위쪽에 녹색으로 '알라후 악크바르'라 쓰여 있는데, '신은 가장 위대하다'라는 뜻이라고 해.

이슬람 율법에 따르면, '샤리아'로부터 허용된 식재료를 '할랄'이라고 한다나 봐. 이슬람 중앙 성원 근처에는 무슬림을 위한 할랄 푸드를 파는 곳이 꽤 많아. 시간 날 때 이곳에 들른다면 이국적인 음식을 한번 맛보는 것도 괜찮겠지?

학교에서는 언제 배워?

초등학교《사회》5학년 2학기 2단원〈사회의 새로운 변화와 오늘날의 우리〉에서 배워. 일제의 침략과 광복을 위한 노력에 대해서 공부하고, 대한민국 정부의 수립과 6·25 전쟁에 대해서도 역사적 맥락을 공부하는데, 우리나라 종교 유적지들이 조금씩 언급될 수 있어. 또, 6학년 1학기〈우리나라의 정치 발전〉에서 민주화의 역사를 배우게 될 거야.

그건 왜 그래?

1. 정동 제일 교회에서 가까운 학교로, 여성 교육의 시작점이라 할 수 있는 학교는?

2. 해마다 조계사에서는 부처님 오신 날이면 '연등'을 든 긴 행렬이 이어진다고 해. 유네스코가 지정한 인류 무형 문화유산으로 등재된 이 문화재의 이름은?
   ① 연등회   ② 연동회   ③ 연지회

3. 조선인 최초로 베이징에서 천주교 세례를 받은 사람은 누구일까?

정답 1. 이화학당(이화학원) 2. ① 3. 이승훈

| 활동하기 | 세계 어린이 운동 발상지 앞에서 인증 샷 찍기 |

천도교 중앙 대교당에서 낙원 상가 쪽으로 가다 보면 입구에 '세계 어린이 운동 발상지'라는 이름의 비석이 하나 서 있어. 소파 방정환을 잘 알고 있지? 1922년에 처음으로 어린이날을 만든 분이잖아. 세계 최초로 어린이날을 제정한 나라가 바로 우리나라란 건 알고 있니? 나라를 빼앗긴 시절에도 어린이만큼은 독립적인 인격체로 대우하자고 했던 거지.

그런데 왜 어린이와 관련된 유적이 천도교 중앙 대교당 앞에 있는 걸까? 그건 바로 교주 손병희의 사위가 방정환이기 때문이기도 하고, 방정환도 천도교 신자였기 때문이야. 우리 어린이들, 이곳 유적지 앞에서 인증 샷을 한번 남겨 볼까?

세계 어린이 운동 발상지 비

도장깨기 TIP TIP TIP

1 광화문역과 서울 역사 박물관 사이에 새문안 교회가 있어. 조선 말에 선교사로 왔던 호러스 그랜트 언더우드가 1887년에 세웠어. 언더우드는 연희전문학교와 세브란스 병원을 세우기도 했는데, 모두 지금의 연세대학교야. 독립운동가 김규식, 한글학자 최현배 등이 새문안 교회를 다녔다고 해.

2 성 니콜라스 대성당은 한국에서 처음 건립된 정교회(그리스 정교) 성당이야. 비잔티움 건축 양식으로 지었고, 둥근 돔과 벽을 장식하는 '이콘'이라 불리는 성스러운 그림들이 있어. 봄과 가을이면 동유럽 음식으로 세계 음식 축제도 열린다고 하니까 기억했다가 꼭 다녀와 보자!

3 가회동 성당은 서울 종로구 북촌에 있는데, 한옥과 서양식 건축물이 함께 어우러져 있어. 1795년에 중국에서 온 주문모 신부가 조선에서 처음으로 미사를 올린 곳에 지은 거야. 시간 날 때 한번 들러 봐.